国际
工人运动的
365天

WORKING CLASS HISTORY

EVERYDAY ACTS OF RESISTANCE & REBELLION

Working Class History
工人阶级历史项目组　编

刘　洋　余华江　译

中国工人出版社

这本以详尽大事记的形式呈现出来的精巧的工人阶级历史档案，满载了鲜为人知和广为人知的事件。概览全书，可以感受到工人阶级斗争的力量、情感和坚持在熠熠发光。这本书能引领人们穿越历史事件并从中受到启发，会让读者爱不释手。我喜欢这本书，也期待着每天阅读。

——罗克珊·邓巴·奥尔蒂斯，《美国土著民族史》作者

这本书用一种新颖的方式，将我们共同的历史传达给崭露头角的新一代工人阶级革命者。它清楚地表明，今天的胜利是建立在昨天斗争的基础上，为推进我们想要的自由公平的未来，我们必须记住我们已经走了多远，并且要思考还有多远的路要走。

——金·凯利，《少女时尚》杂志记者、劳动专栏作家

我从这本书中学到了很多。要用革命英雄和过去斗争的精神来激励未来的抗争灵魂。愿《国际工人运动的 365 天》永远激励着我们！

——鲍比·吉莱斯皮，原始尖叫乐队主唱

这本书让我们缅怀逝者，为生者而战。它让我们可以进行浪漫的革命约会。它是一种日常的鼓舞人心的肯定，但也有实质性的内容。它提醒我们要勇敢和大胆，即使在最黑暗的时代，这一切都是可能的。这本书充满了爱，让你想要拥抱每一个敢于反抗的先辈。

——辛迪·米尔斯坦，《乌托邦之路》作者

在一个草根美国人的历史意识似乎常常被遗忘的时代，这本书

至关重要。选择某个月的某一天，翻到书里相应的一页，通过书中的概览直截了当地找到一个或多个具有重要意义的历史时刻，去看普通人从事的非凡斗争及其取得的非凡成果。编辑们用实用主义这一令人耳目一新的基本方法，坚定不移地关注人民的力量，用建设性的变革来鼓舞人心。这是一本重要的参考书。

——沃德 · 丘吉尔，《像武器一样挥舞语言：土著主义散文选集 1995—2005》作者

传统历史认为，阶级斗争无关紧要或者已经过时，这本书正视阶级斗争，并把其作为研究的重点。社会活动家、学者、学生、记者和公众将会发现它对几十年来阶级斗争的准确记录是极其宝贵的。

——丹 · 加卡斯，《底特律：我真的很介意死亡：城市革命研究》合著者

这是一本非常好的书，特别是它记录了一年中某一天的代表性事件、组织或者个人。这个理念太棒了，对那些关心工人阶级、为自由和正义而斗争的人而言，这本书大有裨益。

——赫伯 · 博伊德，革命黑人工人联盟前成员，《黑人底特律：民族自决历史》作者

这是一本不寻常的、引人入胜的书，讲述了工人阶级的想象力和能量。

——安德烈 · 格鲁巴希思，加州大学旧金山分校人类学教授

这本重要著作的编辑们通过讲述每天的斗争，具体地揭示了社会进步是人们几个世纪的血汗和泪水的遗产。虽然亿万富翁们今天可能声称拥有人类社会的巨大财富，但这本书以详细的事实揭示了一个更美好的未来的轮廓。

——乔治 · 卡特西亚费卡斯,《1968 年的全球想象：革命与反革命》作者

这是一部精彩的全球故事集，讲述了在关键时刻工人们激烈的反抗和斗争的故事，揭示了全球受剥削的工人们拒绝服从、为基本权利和尊严而战、最终实现工人集体解放的事实。

——斯科特 · 克劳,《黑旗和风车：希望、无政府和共同立场》作者

序

诺姆·乔姆斯基

我个人参与的社会运动主要是反战动员和反抗运动，以及全球范围内拉丁美洲、亚洲和中东的团结运动。但除此之外，从童年开始，我发现真正鼓舞人心的是工人们的奋斗。我是在大萧条时期长大的，工会成员在我大家庭（大部分处于失业状态）生活中发挥关键作用的童年记忆历历在目。当我还是个孩子的时候，我曾密切关注着激进的工会积极分子在建立新政项目中的领导作用。这些项目极大地改善了大多数美国人的生活，但近年来却遭到严重的攻击。它持续了很多年，有许多引人注目和鼓舞人心的斗争，如洛兹敦事件①、20世纪90年代迪凯特的罢工与停工事件②和现今要求重建资金严重不足的公共教育体系的教师自发罢工事件③，等等。

虽然近年来情况有所改善，但我们当前的教育制度仍无法充分体现这些普通人的反抗运动对历史的影响。霍华德·津恩所著的

① 参见1972年3月4日的条目。（在脚注中，我们只给出相关例证的日期。编者注）
② 参见1993年6月26日的条目。
③ 参见2018年2月22日的条目。

《美国人民的历史：1492至今》和与之相呼应的“声音”系列[1]图书作出了重要贡献，揭示了在“标准”的爱国主义下，被隐藏和被边缘化的历史核心部分的真实面貌，但未来还有很长的路要走。特别是劳工史在教育系统和媒体中几乎被抹去了。不久前，新闻界还有优秀的记者报道过劳工运动，但到了今天几乎没有了。每一份报纸都有一个商业版，几乎没有人想过开设一个劳工版来反映绝大多数人民的利益和关切。社会运动没有得到全面关注，通常带来严重误导。各种社会运动中，目前要数民权运动最受关注，甚至为了纪念马丁·路德·金而设置了一个全国性节日，但我们对这个节日的关注点其实很值得思考。

马丁·路德·金日是为了纪念金1963年8月在华盛顿大规模示威活动上发表的题为《我有一个梦想》的振奋人心的演讲而设立的。但是在那次演讲后，金并没有停止他的社会活动。后来他成为著名的评论家，一直为终结越南战争、支持住房运动、维护劳工权利等北方民众的需求而努力。他在1968年支持环卫工人罢工行动时遭到暗杀。[2]而在这前一天，他发表了另一场鲜为人知但令人难忘的演讲。那时，金正组织一场穷人运动，并在华盛顿举行另一场游行，为包括原住民和白人在内的所有美国人争取人权和公民权。他的行为对正统的自由主义来说是无法容忍的，他们说金走上了“迷途”，因此对金进行了强烈的谴责。你可以指责亚拉巴马州的种族

① 《美国人民的历史：1492至今》，霍华德·津恩著，纽约哈珀与罗出版公司，1980年初版，2009年再版；《美国人民历史的声音》，霍华德·津恩和安东尼·阿诺夫编，纽约七故事出版社，2004年出版。

② 参见1968年4月4日的条目。

主义治安官，只是“别在我的后院”[①]。金的贡献被学校和媒体所忽略。其他运动的情况也都类似。

今天，社会运动面临的挑战比以往任何时候都多。自从1947年以来，每年1月，《原子科学家公报》都会把“末日时钟”的分针设置在离午夜一定距离的地方——这意味着末日即将来临。在美国和苏联先后引爆了热核武器后，1953年，时钟被设定在午夜前2分钟，用以表明人类的智慧已经发展出了可以摧毁一切的手段。直到唐纳德·特朗普上台一年后，它才再次被设定到那样一个可怕的时间。那时候，分析人士把全球变暖的巨大威胁和核武器的极端危险相提并论，因为二者都能危及人类的生存。2019年1月，时钟再次被设置为午夜前2分钟，现在被称为“新的异常”。分析人士还提出了存在的第三个威胁，即对作为解决诸多严峻挑战唯一希望的民主的侵蚀。这些判断在我看来似乎是有依据的，并且自上次时钟设定以来，每个威胁都得到了显著加剧。[②]

此外，自罗纳德·里根和玛格丽特·撒切尔以来，新自由主义对民众的冲击已经彻底地导致财富的集中，而大多数人的实际工资停滞不前或下降，福利也受到侵蚀。同时，由于政府权力比以往更多地落入有钱人和大企业手中，民主的运行也受到了侵蚀。[③]

---

① “别在我的后院”（not in my back yard）表示不希望某事在他们附近存在或发生，尽管他们确实希望它在其他地方存在或发生。（译者注）

② 在核武器和气候变化已经存在威胁之外，“网络虚假信息运动”也被添加进来，末日时钟现在位于午夜前100秒。参见科学与安全委员会，《比以往更近：距离午夜还有100秒》，《原子科学家公报》，2020年1月23日，2020年5月20日检索自https://the bulletin.org/doomsday-clock/current-time。

③ “新自由主义”指的是自由市场经济政策，包括私有化和减少公共资助的社会保障和服务。

政策的另一个主要目的是削弱民众组织，特别是传统上作为主导力量的劳工运动。有组织的、激进的民众行动是推动在应对体面生存和无数其他方面的主要挑战取得进展的关键因素，其仍然是今天的希望。

幸运的是，这些民众行动正在复苏，特别是在年轻人中。新自由主义引发了广泛的愤怒和怨恨，煽动者可能会以卑鄙的方式利用这些愤怒和怨恨，这些事实在当下再明显不过。但这也有反作用。鉴于严重的危机正在不断逼近，毫不夸张地说，其中哪一方占据上风，都将完全决定人类的命运。

核战争和环境灾难不会放过任何人，即使是那些轻信自己可以逃到山顶封闭社区或火星上的超级富豪也不例外。世界各地年轻人的激进行动产生了重大的影响，引发了“反抗灭绝”运动和许多其他活动。在美国，“朝阳运动”的年轻积极分子在少数国会议员（尤其是亚历山大·奥卡西奥·科尔斯特）的支持下，通过直接行动成功地将“绿色新政”提上了立法议程，这在某种程度上对于人类生存是必不可少的，也是几年前不敢想象的成就。

最令人担心的是复兴中的劳工运动遭到新自由主义攻势的持续打击。许多评论员将劳工运动与男性、白人、土著蓝领工人联系在一起，却把“无偿劳动”和大部分的“女性工作”排除在外。但事实上，世界各地的工人不论男女、是否为移民、从事什么工作，主要是有色人种。劳工运动复兴并非空谈。

在20世纪20年代，激进而有力的美国劳工运动几乎被政府和企业的暴力镇压所摧毁。几年后，它以新的形式崛起，并引领了新政改革。举一个更近一点的例子，20世纪70年代早期，劳工斗争有了显著上升，大部分并没有完全被压制。面对每天被破坏的工作环境，托尼·马佐奇和他的国际石油、化学和原子能工人联合会（OCAW）身居一线，致力于保护工作中的工人，是促使《职业安全与健康法案》（OSHA）推行的幕后力量。他们的斗争事业从这里起步。马佐奇是资本主义的严厉批评者，也是坚定的环保主义者。他认为，工人应该“控制工厂环境”，同时也要带头防治工业污染。鉴于民主党抛弃了劳动人民，马佐奇倡导建立一个以工会为基础的工党。这一倡议难以在20世纪20年代饱受企业和政府严厉攻击下劳工运动日益衰落的环境中存续。

在这个时代，《国际工人运动的365天》一书很重要，因为民主的运行需要公民积极参与社会政策的制定。再次回到末日时钟设置环节，在强调全球变暖和核战争危机的同时，第一次加上了民主的侵蚀。我们期待有一天，公民能够参与到工作场所和社区的直接决策，并在更大范围内将这种公民参与扩大至国际层面。

当下，关键任务是要组织积极的民众运动，去改变公众的意识和理解，去脚踏实地建立企业归工人所有、合作社和其他民主参与的社会结构。我们可以从过去为争取社会公正而进行的长期艰苦斗争中学到很多东西，以前人的成就为基础，我们能够、也必须得继续向前迈进并不断寻求超越 。危机紧迫，时不我待。

前 言

为什么要写工人阶级？

有些聪明的人说过，一切现存社会的历史都是阶级斗争的历史。[①]跟他们一样，我们也认为历史的变革主要是阶级斗争的结果。普通人民生活的任何改善，如周末的建立[②]、奴隶制的废除[③]，都是被压迫者和被剥削者对压迫我们的制度进行斗争的结果。

在今天的资本主义社会中，工人阶级是人数最多的阶级。当我们说“工人阶级”时，我们是从经济的角度来谈它，而不是像人们通常认为的从文化的角度。从广义上说，它是指我们这些不拥有工厂、农场、办公室或仓库（也称为“生产资料”）且因此需要向生产资料所有者出卖自身劳动力的群体。

资本主义就是建立在这种制度安排之上的。著名物理学家阿尔伯特·爱因斯坦对此作了很简单的解释：

① 马克思和恩格斯，《共产党宣言》。参见《马克思恩格斯选集》第一卷，莫斯科：进步出版社，1969 年，第 99–137 页。

② 参见 1904 年 12 月 26 日的条目。

③ 参见 1831 年 12 月 25 日的条目。

生产资料的占有者有条件来购买工人的劳动力。工人使用生产资料生产新商品，而这些商品就成为资本家的财产。这个过程的关键是工人所生产的东西同他所得的报酬（两者都用实际的价值来计量）之间的关系。

决定工人的收入的，不是他所生产的商品的实际价值，而是他生活的最低需要，以及资本家对劳动力的需求同为谋求工作而相互竞争的工人数目的关系。甚至在理论上，工人的报酬也不是由他生产出来的产品的价值来决定的；了解到这一点，是很紧要的。[①]

所以，我们得到的报酬是确保我们每天按时上班所必需的最低数额，这一数额是由市场情况而定的。

我们所创造的价值与较低的报酬之间的差额（即剩余价值），是企业获得利润和不断扩张的关键。这种剥削关系是资本主义的本质，也是其内部矛盾的根源，也就是说，雇主希望工人以最低的工资工作最长的时间，而我们却希望以最短的劳动时间获得更高的报酬。[②] 这让所有的工人在反对资本主义方面拥有共同的经济利益。

因为资本主义完全依赖于我们的劳动，而我们也可能是社会中潜在的最强大的阶级。我们未能发挥潜能的主要原因是，我们在很多方面存在分歧：

· 我们分为就业者和失业者，所以我们中那些有工作的人不得

---

① 阿尔伯特·爱因斯坦，《为什么要社会主义》，《每月回顾 1》，1949 年 5 月，2020 年 4 月 20 日检索自 https://monthlyreview.org/2009/05/01/why-socialism。

② 参见 1886 年 5 月 1 日的条目。

不担心失去工作，而没有工作的人不得不相互竞争，以争取最低的工资。

· 我们分布在相互竞争的不同企业，因此，通过支付最低工资和忽视环境标准来获取最大利润的企业成功了，而其他企业要么失败，要么被收购。

· 我们拥有不同的性别角色，世界上有许多工作被视为“女性工作”，是完全没有收入的，尤其是照顾孩子和家庭。

· 我们分属不同的民族国家，因此，如果一个国家的工人赢得了更高的工资和更好的工作条件，生产就有可能被转移到世界上工资较低的其他地区。

· 我们分属不同的种族，某些种族或民族，例如美国黑人，在社会上处于弱势。这至少让占主导地位群体的工人产生了维持现状的假象，并使雇主和当局能够挑起不同群体之间的矛盾。①

· 我们因公民身份而存在分歧，因此在许多国家，总有更容易被剥削的移民劳动力，他们可能被剥夺基本的法律权利，而试图反抗者则可能会被驱逐出境。②

这些只是我们分裂和对立的几种情况，它们阻止我们为集体利益而团结斗争，阻止我们从剥削者手里拿回自己的“剩余价值”。与这些分裂作斗争，把不同工人群体团结起来，必须成为改善工人阶级或其任何阶层命运的任何运动的重要组成部分。

任何一群工人的胜利都是我们所有人的胜利。例如，一群工资过低的移民工人成功地提高了他们的工资和劳动条件，这也意味着

---

① 参见 1887 年 11 月 23 日的条目。
② 参见 1936 年 6 月 29 日的条目。

雇主无法雇佣能够接受过度剥削的工人来削弱本土工人的竞争力。[①]

同样，环境破坏和由此产生的气候混乱不同程度地影响着穷人和工人阶级，特别是在殖民地国家。这种情况在未来几年只会变得更糟，因此为保护我们的星球而奋斗也是我们阶级的生存问题。[②]

土著人民的斗争[③]、农民的斗争[④]，以及反对殖民主义的斗争[⑤]在很大程度上也是反对剥夺土地的斗争，即反对成为一个首先脱离土地和生产资料的工人阶级的斗争。

考虑到所有这些，我们采取了一种广泛的、交叉的、国际主义的阶级观，呈现了各种反对剥削和压迫斗争的快照。

为什么要写历史？

工人阶级历史项目源于 2014 年我们与许多人的谈话。我们参与了一系列活动，包括工作场所组织和反紧缩运动。然而，我们的活动与过去工人阶级的群众性激进运动是割裂的。和许多同龄人（甚至比我们大一点）一样，我们在 20 世纪 80 年代工人运动的失败和工人组织解散之后长大并加入了劳动大军。当我们被政治化时，曾经被定义为工人阶级生活的关于斗争和团结文化的共同知识在许多地方已经消失殆尽。

为了获得这些知识，我们阅读了大量的历史资料，并对曾经有如此之多的重要的教训可为今天的斗争提供启示而感到震惊。然

---

① 参见 2017 年 6 月 8 日的条目。
② 参见 1971 年 6 月 17 日的条目。
③ 参见 1878 年 6 月 25 日的条目。
④ 参见 1919 年 4 月 10 日的条目。
⑤ 参见 1953 年 3 月 26 日的条目。

而，尽管存在很多关于世界各地工人阶级斗争的文章，但其中大部分内容对大多数人来说是难以接触到的，它们被尘封在档案中、被隐藏在付费阅读的数据库里，或者虽然有些是可以在网上看到，但却是用复杂的学术或政治术语写成的。

因此，我们决定建立一个历史事件数据库，其中包括简短、清晰的摘要，主要是关于记录为更好的世界而进行的斗争以及参与其中的人。我们认为更重要的是，不仅要反对那些净化资本主义和殖民主义历史的主流叙事，而且要从那些与资本主义和殖民主义作斗争的人的错误（以及成功）中吸取教训（经验）。

如何阅读本书？

这本书精选了我们档案中的一些文本：每一天选取了一些事件，其中有些事件从未在网上出现过。

在这项工作中，我们关注的是历史事件而不是个人。因此，我们省略了参与各种运动的人的出生和死亡日期，除非他们的死亡本身具有特殊的历史意义，例如参与其中的特定人物遭到暗杀。

这本书并不打算囊括一切，我们没有记录对集体斗争历史具有重要意义的每一个运动或事件，我们也没有足够的篇幅来完成这样的任务。

本书试图呈现各种各样的历史事件，但由于我们的所在地（主要是英国和美国）和语言的限制，以及可得信息来源的性质和偏差，我们很不愿但又不可避免的是，书中记录的事件偏向于使用英语、西班牙语、法语和意大利语的欧洲国家，以及与它们有殖民关系的国家。

我们编写这本书的时候，希望读者可以按任何顺序阅读。你不必从 1 月 1 日开始，你可以从任何日期读起，今天的日期、你的生日、周年纪念日，你可以根据需要随意翻阅。唯一的问题是，关于某些特定的组织和概念，本书只在第一次出现时对其进行解释，不按顺序阅读的人需要了解基本的政治术语。

我们在书中使用的都是公历日期，例如俄罗斯旧式日历中的日期已被转换，而且事件发生时间都是按当地时间计算的。（有时可能在不同时区的国家 / 地区报告为不同的日期）

我们的文章旨在简要介绍那些帮助改善世界的人和运动。我们没有讲述本文所提到的历史事件的完整故事，但我们鼓励人们更多地了解自己感兴趣的信息，我们在书后的参考资料部分提供了每个日期的事件的资料来源，供读者进一步查阅。

致 谢

首先，我们要非常感谢在 Patreon 社区上的支持者们。我们的工作完全由我们的读者和听众在 patreon.com/workingclasshistory 上的资助。没有他们的帮助就不可能写出这本书，也不可能更广泛地运营工人阶级历史项目。

还要感谢为我们的项目提供帮助的每个人，感谢阅读过本书手稿初稿并提出意见，以及在播客中与我们交谈并用他们的故事启发我们的每个人。

特别感谢马蒂·罗恩、拉肯·布代里、琳达·托尔森、海莉·弗里尔、洛宾·卡莱娜、史蒂芬·琼斯、塞瓦斯蒂安·波雷卡、王静莹（音）、内森·吉尔克里斯特、哈尔·汉姆、杰夫·甘迪、克莉丝汀、比斯瓦迪普·达斯古塔、迈克·哈曼、伊利莎·沃梅尔、约翰·谢弗尔德、DD·约翰斯顿、贝蒂娜·埃斯库里扎、LD、阿诺、布莱恩·祖巴尔斯基、克里斯汀·霍米苏·怀特、达恩、埃米利娅·莱娜·费尔南德斯、刘易斯·加文、利琪·德林顿、玛蒂娜·多姆拉多瓦克、艾米莉·韦伯、马修·威尔逊、罗德里戈·科斯塔、里特维克·坎纳、迈克尔·瑞安、约翰·耶茨、布赖恩·莱恩、克里斯·道奇和迈克尔·奥斯威尔。还要感谢 PM 出版社提出的建议并出版这本书。

最后，感谢您购买本书并支持我们的工作。

本书献给所有那些为保卫自己的工友和一个更美好的世界而奋斗的无名英雄们，我们可能永远不知道你是谁，但无论我们今天拥有什么，都有你的一份功劳。

C O N T E N T S | 目 录

1 月	001
2 月	023
3 月	042
4 月	064
5 月	084
6 月	105
7 月	126
8 月	142
9 月	162
10 月	180
11 月	200
12 月	220

1月

⊹· 1日 ·⊹

1804年1月1日

在经历了13年的反抗奴隶制和法国殖民主义的革命后，海地成为一个独立的共和国。

这里以前被称为圣多明戈，是世界上最赚钱的殖民地，其收入超过北美大陆所有殖民地的总和。这些巨大的财富是成千上万被奴役的非洲人用汗水和鲜血创造的，他们在咖啡和甘蔗种植园中劳作至死。

1791年8月22日在支持“自由、平等、博爱”理想的法国大革命后不久，爆发了一场奴隶起义，这次起义要求实现法国大革命所宣传的理想，废除奴隶制和殖民主义。在接下来的几年里，起义军成功击败了世界上最大的殖民力量——法国、西班牙和英国组成的联军。

1804年的独立宣言废除了圣多明戈殖民地，并恢复了土著泰诺人对当地的命名“海地”。欧洲和美国迅速封锁了这个刚刚起步的共和国，给它造成了严重的经济困难。

1825年，法国最终承认了海地的独立，条件是海地赔偿前奴隶主 1.5 亿金法郎（相当于现在的 210 亿美元）。这笔赎金使海地陷入极度贫困，直到 1947 年才还清。美国直到 1862 年才承认海地独立，但它在 1915 年又入侵并占领了这里。[1]

1994 年 1 月 1 日

墨西哥爆发了萨帕塔起义。恰帕斯州的土著人民起义并控制了他们的社区，重新分配权力并组织新的、直接民主的社会管理方式。尽管遭到国家镇压、暴力和屠杀，如今这一地区仍有约 30 万人实行自我管理。[2]

萨帕塔的女性

2 日

1858 年 1 月 2 日

在蒙得维的亚革命期间，美军两艘军舰上的士兵以保护美国拥有的财产为由登陆乌拉圭，直到 1858 年 1 月 27 日才离开。

就在近半个世纪之后的同一天，1904 年 1 月 2 日，美国和英国海军对多米尼加共和国进行干预，以保护美国在多米尼加革命期间的利益，直到 2 月 11 日才离开。[3]

1920 年 1 月 2 日

第二次帕尔默突击搜捕开始。美国司法部企图通过这次行动逮捕和驱逐非本地的激进工人和左翼分子，尤其是无政府主义者。3000—10000 人在未经审判的情况下被逮捕和关押，其中大多数具有美国公民身份。大部分被捕者被无罪释放，但最终有超过 500 名外国公民被驱逐出境。[4]

在埃利斯岛上等待被驱逐的激进分子（考比斯教育图片 / 维基共享资源提供）

3 日

1913 年 1 月 3 日

纽约小瀑布纺织厂罢工结束。这次罢工由革命性的世界产业工人联盟（IWW）组织于上年 10 月 9 日发起，并以移民女工为主的劳动力赢得她们的诉求而结束。面对警方的暴力镇压，工人们坚持不懈，实现了在工资不变的前提下，每周工作时间从 60 小时减少到 54 小时。[5]

1966 年 1 月 3 日

退伍军人和民权活动家小萨米・杨格在亚拉巴马州被杀害。他是第一位因参与民权运动而被杀害的黑人大学生。杨格在梅肯县试图使用“仅限白人”使用的洗手间时，被一名加油站服务员枪杀。在大规模抗议之后，凶手于当年 11 月被起诉，但后来被全部由白人组成的陪审团宣布无罪释放。[6]

小萨米・杨格入伍时的照片（美国海军 / 维基共享资源提供）

⊰ 4 日 ⊱

1917 年 1 月 4 日

圭亚那开始了为期 10 天的码头工人罢工。由于第一次世界大战导致食品和其他商品的价格上涨，但工资却保持不变，在生活条件恶化所引发的一场劳资纠纷背景下，码头工人赢得了加薪和缩短每周工作时间并引发了一场全国性的罢工浪潮。[7]

1938 年 1 月 4 日

牙买加圣托马斯塞尔吉岛庄园的 400—500 名工人迫使农场全面停工。工人们在开始收割庄稼之前要求增加工资。英国殖民当局派来警察采取措施制止罢工，逮捕了 63 名工人，并于 1 月 13 日开始对他们进行为期 3 天的审判。3 名“头目”被判处一个月劳教，18 人被罚款，其他人被释放。[8]

⊹ 5日 ⊹

1939年1月5日

立陶宛犹太人反法西斯主义者和西班牙内战战士塞缪尔·卡普兰被共产党当局转移到巴塞罗那的蒙特惠奇监狱。自上年2月以来，他一直被无罪关押。卡普兰曾前往西班牙，帮助共和军抵抗弗朗西斯科·佛朗哥将军的民族主义和法西斯势力的政变企图。

此前，卡普兰曾因政治活动被苏联和纳粹德国关押在达豪集中营并随后逃脱，他将自己受到的共和党“盟友”的待遇描述为其所遭受的最痛苦的磨难，他甚至与其他几名反法西斯囚犯一起绝食抗议。

民族主义势力于1月21日占领巴塞罗那后，我们本以为再也无法得到他的消息，直到他的儿子，一名脸书读者与我们取得联系，告诉我们塞缪尔·卡普兰再次逃脱，最终逃往墨西哥并在那里度过了余生。[9]

1960年1月5日

反法西斯游击队员弗朗西斯·萨贝德·略帕特在加泰罗尼亚被警方暗杀。他在西班牙内战中与民族主义者作战，在第二次世界大战期间参与法国抵抗运动，之后他加入了西班牙的地下抵抗组织，成为该组织最著名、服役时间最长的战士。[10]

⊹ 6日 ⊹

1945年1月6日

4名妇女因参与上年10月的囚犯叛乱而被绞死在奥斯威辛集中营。奴工阿拉·格特纳从她工作的弹药厂偷了火药，提供给地下抵抗组织成员罗扎·罗伯塔，罗伯塔将火药交给为叛乱制造炸弹的苏联籍犹太囚犯。伊斯特尔·瓦伊克布鲁姆和热吉娜·萨菲尔兹泰也因参与其中被处决。罗伯塔在其他女囚犯面前被公开绞死，她在绞刑架上呼吁其他女囚：要坚强，要勇敢。[11]

阿拉·格特纳（维基共享资源提供）

2005 年 1 月 6 日

南非德班贝维尤的居民成功击退了当地政府的断水小组。这是一次非常勇敢的行动，因为此前非洲人国民大会（ANC）委员会安全小组在该市的另一个地方杀害了试图在断电期间帮助自己母亲的十几岁男孩马塞尔金。非洲人国民大会委员会表示，他们会以更强力量予以回应。

自 1994 年当选以来，非洲人国民大会为推行新自由主义议程，切断了 100 多万户家庭的供水，这里每年都有数千人死于腹泻，其中大部分原因是不安全饮水所致。[12]

7日

1913 年 1 月 7 日

秘鲁工人在拒绝了雇主提议后，开始通过罢工争取最长 8 小时的工作制。在埃尔卡亚俄，工厂全面停工，煤气工人、磨坊工人、印刷工、面包师和其他工会工人都举行了罢工。[13]

1919 年 1 月 7 日

在阿根廷被称为“悲剧周”的一系列事件开始了。布宜诺斯艾利斯港的海事工人投票决定罢工，以争取加薪和缩短工作时间。附近英国拥有的瓦塞纳工厂的警察袭击了罢工的金属厂工人，造成

5人死亡、20人受伤。在接下来的几天里，罢工席卷了整个城市，骚乱爆发，工人缴获武器。

与此同时，警察和士兵与工人作战，右翼暴徒发动大屠杀，袭击犹太地区，殴打和杀害犹太人，反犹分子将他们与无政府主义者和共产主义者联系在一起。在镇压叛乱的过程中，100—700人被军队杀害，400—2000人受伤，5万多人被监禁。[14]

8日

1811年1月8日

路易斯安那州海岸发生了奴隶起义。数百名奴隶袭击了他们的主人，然后携带横幅、鼓和农具作为武器向新奥尔良进军。他们烧毁了种植园，在路上招募了更多的奋起反抗的人。尽管没有枪支，但他们仍与当地民兵作战。当第二个民兵旅从巴吞鲁日赶来时，他们的行为最终被阻止。[15]

1896年1月8日

世界上第一份无政府女权主义报纸《妇女之声》(*Woman's Voice*)在阿根廷布宜诺斯艾利斯出版。[16]

9日

1907年1月9日

在墨西哥里奥布兰科，军队袭击了要求提高工资、缩短工作时间和改善工作条件的罢工纺织工人，最终镇压了一场劳工暴动。200名工人被杀，400人被捕，1500人被解雇。[17]

1973年1月9日

在南非德班，加冕砖瓦厂举行罢工活动。到3月底，将近10

万名非洲黑人工人（约占德班所有非洲黑人劳动力的一半）举行了罢工。最终，加冕砖瓦厂的工人和其他劳动者实现了加薪诉求。[18]

⊹· 10 日 ·⊹

1918 年 1 月 10 日

200 名家庭主妇游行穿过巴塞罗那的工人社区，呼吁以女性为主的纺织工人们通过罢工来抗议高昂的生活成本。即使在新的军事总督宣布戒严并暂停公民权利之后，罢工、示威和对商店和煤场的袭击仍在继续。[19]

1966 年 1 月 10 日

双种族投票权活动积极分子弗农·达默在密西西比州的家中遭到三 K 党的纵火。虽然他设法救下妻子和孩子，但第二天他因严重烧伤和吸入浓烟而离世。他曾提议为任何负担不起投票登记费的人支付费用，从而帮助更多黑人参与投票。[20]

⊹· 11 日 ·⊹

1912 年 1 月 11 日

劳伦斯罢工（也被称为面包和玫瑰罢工）爆发。在新英格兰棉纺厂工作的波兰妇女注意到她们的工资降低了，于是关掉织布机并大喊“工资不足”。大多数妇女和童工等其他工人也加入罢工行列，致使一周之内的罢工人数达到 2 万人。尽管他们遭到了残酷镇压，但罢工活动仍然坚持到了 3 月中旬，并赢得了他们提出的所有诉求。随后，这些诉求也得到了其他希望避免类似罢工活动发生的雇主们的同意。

这一受欢迎的名称——面包和玫瑰罢工，来自社会主义者罗斯·施奈德曼演讲中的一句话："工人必须有面包，但她也必须有玫瑰。"在劳伦斯，年轻的女孩们在横幅上写下了同样的诉求。[21]

劳伦斯罢工者在城市中游行（劳伦斯历史中心照片集 / 维基共享资源提供）

1998 年 1 月 11 日

印度 2.4 万名村民占领了拟建纳尔马达河大坝的场地，他们成功阻止了这个将导致 32 万人流离失所的项目。[22]

12 日

1964 年 1 月 12 日

桑给巴尔爆发革命，占当地多数的非洲黑人推翻了苏丹的统治。叛乱结束了 200 年来带有种族主义色彩的阿拉伯少数民族的统治。一年前英国结束了对该岛的占领，而在英国占领期间，阿拉伯人的统治得到了保护和加强。针对阿拉伯和南亚平民的种族报复开始了，尽管附近有英国军队，但仍有成百上千人丧生。英国军队只有在左翼政党掌权的情况下才能使用，但这一情况并没有发生。[23]

13 日

1947 年 1 月 13 日

1.5 万名工人在肯尼亚蒙巴萨（当时属于大英帝国的一部分）宣布大罢工。罢工者表达了许多不满，特别是在黑人和非黑人工人之间工资差异方面。铁路工人、码头工人、家政工人、旅店工人及其他劳动者参与了罢工活动。尽管政府宣布罢工非法，但仍有四分之三的劳动者参与了此次活动，致使蒙巴萨陷入停滞。罢工持续了 12 天，直到成立了一个法庭，裁定将加薪幅度提高 20%—40%，以及出台包括带薪加班、带薪假期和住房补贴在内的许多其他改善措施。[24]

14 日

1929 年 1 月 14 日

在澳大利亚阿德莱德港，600 名罢工的工会码头工人冲进了满载工贼（也就是破坏罢工、不承认工会的顶替工）的玛丽巴蒸汽轮船。罢工者用石头与警察和工贼搏斗，打伤了大约 30 名工贼。其中一名工贼掏出一把左轮手枪，向人群射击，但他没有被警方逮捕。这些事件是关于港口工作条件和工会组织长期争端的一部分。[25]

1930 年 1 月 14 日

德国共产党准军事组织红色阵线战士联盟（League of Red Front Fighters）武装人员阿尔布雷希特・阿里・赫勒击毙了柏林纳粹党领导人霍斯特・维塞尔。维塞尔后来被纳粹党追认为烈士，赫勒则被判处6年监禁，直到纳粹党上台后被拖出来杀害。[26]

✧· 15日 ·✧

1919年1月15日

罗莎·卢森堡（维基共享资源提供）

革命社会主义者罗莎·卢森堡和卡尔·李卜克内西在柏林被奉德国社会民主党命令的右翼准军事自由军团杀害。卢森堡和李卜克内西在1918—1919年的德国革命中发挥了重要作用。[27]

1934年1月15日

英国著名小报《每日邮报》（*Daily Mail*）发表了一篇题为《黑衫军万岁》（*Hurrah for the Blackshirts*）的文章，支持奥斯瓦尔德·莫斯利的法西斯运动。这篇文章是罗瑟米尔子爵撰写的，邮报现在仍属于其家族。[28]

✧· 16日 ·✧

1973年1月16日

苏塞克斯大学的学生发起了一场拒付租金行动，反对政府削减学生助学金的计划。来自英国各地的学生也加入了他们的行列，到2月底，已有44所大学的学生参加了这场行动。[29]

1997年1月16日

印度工会领袖杜塔·萨曼特遇刺。众所周知，他是1982年孟买纺织工人大罢工的主要组织者。他被4名与黑社会有关联的职业杀手杀害，身中17枪。[30]

17日

1961年1月17日

一年前脱离比利时独立刚果的首位民选总理帕特里斯·卢蒙巴在美国和比利时支持的政变中遇害。[31]

帕特里斯·卢蒙巴在布鲁塞尔（贝伦斯，赫伯特/阿内福摄影，美国国家档案馆提供）

1969年1月17日

革命黑豹党的两名成员邦奇·卡特和约翰·哈金斯被美国一个黑人民族主义团体成员杀害。该组织作为受联邦调查局操纵的反间谍计划（COINTELPRO）的一部分，意图造成致命的分裂。[32]

18日

1958年1月18日

北卡罗来纳州麦克斯顿附近发生海斯池塘战役，拉姆毕人冲击了三K党的集会。三K党认为当地的拉姆毕族是“半黑人”的“杂种”种族，他们对原住民与白人之间的跨种族关系感到不满，并认为由于拉姆毕族人数少且处于边缘地位，是很容易攻击的目标。

三K党成员首先在一名正在与白人男子约会的拉姆毕女子的草坪上焚烧十字架。随后，他们的活动升级，并在1月18日一场旨在一劳永逸地结束“种族混合”的集会时达到高潮。三K党宣布将有5000人参加这次集会。

但是当天，他们只召集到大约50名三K党成员和100名其他白人至上主义者，而由“二战”退伍军人带领的500名拉姆毕人带着猎枪、棍棒和石头来反对他们。拉姆毕人开枪袭击，轻伤4名三K党人，对方还击，但没有击中任何人。三K党被彻底击败并被迫逃离。拉姆毕人没收了他们的音响设备，并在临时篝火上烧毁了他们的三K党服装和横幅，直到警察到达并对狂欢者施放催泪瓦斯。

拉姆毕居民在海斯池与白人至上主义者对峙（比尔·肖摄影，美国国家档案馆提供）

事件发生后，公众情绪转向反对三K党，当地领导人后来因煽动骚乱被判入狱两年。这个事件屈辱结束了三K党在当地的活动。当地每年都把这一事件作为拉姆毕节来庆祝。[33]

19日

1915年1月19日

新泽西州发生罗斯福大屠杀。当时，工人们正试图通过罢工扭转减薪20%的局面，化肥企业老板雇佣的治安人员向一群手无寸铁的罢工工人开枪，造成2人死亡、18人受伤。死者很可能是28岁的亚历山德罗·特西特尔和38岁的卡曼·巴特伊。这些治安人员是一家私人侦探机构的枪手，他们受雇帮助破坏罢工。尽管发生了命案，但工人们坚守立场，成功推翻了减薪政策。后来，一些杀人者被逮捕，9人因过失杀人罪被判入狱2—10年，这种情况在美国劳工屠杀案中并不常见。[34]

1984 年 1 月 19 日

摩洛哥北部的里夫地区爆发抗议活动，反对公立学校根据国际货币基金组织实施的结构调整计划收取学士学位认捐费。在几天的抗议活动中，学生与工人和失业者一起受到了哈桑二世政权的野蛮镇压，哈桑二世将里夫的穷人称为“奥巴什”，即野蛮人或人渣。军队杀害并监禁了数百人以镇压抗议运动。[35]

20 日

1900 年 1 月 20 日

夏威夷檀香山卫生官员在抗击鼠疫疫情的过程中，试图对唐人街的房屋和商店进行有控制地烧毁，但是火势很快就失控了，大火意外点燃了旧考马卡皮利教堂的木屋顶，大火蔓延了 17 天，烧毁了 38 英亩的居民区，其中包括 4000 多户主要是华人和日本人的房屋。

这些人的财产被扔到街上，他们的家被喷洒石炭酸，他们被迫大规模地在临时清洁站当众沐浴。官员随后开始焚烧华人和日本人的房屋。

大火开始失控蔓延，往外逃命的人被国民警卫队和白人义务警员阻拦。最终，警戒线上被打开一个出口，得以让人们逃离火灾。

一家当地报纸庆祝这场火灾，称它可以消灭瘟疫，同时也清理了宝贵的房地产。火灾发生后，许多无家可归的居民再也无法返回该地区，其人口结构也发生了永久性改变。[36]

1964 年 1 月 20 日

坦桑尼亚（当时的坦噶尼喀）一个由约 1350 名士兵组成的营

发生兵变，抗议低工资和国家独立两年后军队仍然由英国军官指挥。第二天，叛乱蔓延到更远的另一个营，叛乱分子劫持了欧洲军官做人质，并控制了包括广播电台、机场和电报局在内的达累斯萨拉姆的关键地点。与此同时，当地也爆发了抢劫。

工会计划于1月26日发起大罢工，但在1月25日，社会主义独立领导人朱利叶斯·尼雷尔的政府要求英国军队帮助镇压起义。第二天，英国突击队到达并袭击了起义者，杀害了3名士兵并逮捕了数百人，其中包括几名工会领导人和坦噶尼喀劳工联合会（Tanganyika Federation of Labour）的秘书长。尼雷尔政府随后解散了劳工联合会，成立了一个支持政府政策的官方“工会”。

乌干达和肯尼亚也爆发了类似诉求的兵变，这些国家新的反殖民领袖也要求英国军队协助镇压。[37]

21日

1921年1月21日

阿根廷圣克鲁斯的罢工工人占领了拉安妮塔和拉普里马韦拉牧场，劫持了牧场主和警察局副局长作为人质。这些罢工者主要是羊毛工人和农村劳动者，他们要求更高的工资，以及周六休息、更好的食物和每个月一包蜡烛这些更好的工作条件。

工人们组队，从一个工作场所游行到另一个工作场所，夺取食物和武器。随后，他们与警察发生了一些冲突，但在军队抵达后，工人们同意放弃武器并释放人质，以换取他们的大部分要求得到满足。

然而，那年晚些时候，当局突袭了工会办公室，当工人发起大罢工作出回应时，一位名叫埃克托·贝尼尼奥·瓦雷拉的上校带着 200 名士兵抵达现场，并试图用暴力镇压罢工。到 1922 年 1 月，多达 1500 名工人被杀害。[38]

1946 年 1 月 21 日

美国 75 万名钢铁工人举行了罢工，这是美国历史上参加人数最多的罢工，也是“二战”后大规模罢工浪潮的一部分。[39]

22 日

1826 年 1 月 22 日

加利福尼亚州圣胡安·卡皮斯特拉诺教会的阿贾切曼族农场工人拒绝工作，并加入该州（当时是墨西哥的一部分）第一次农场工人罢工。100 多名工人聚集起来起义，要求将当地教士（牧师）关进仓库。据报道，他们侮辱了当地的警卫队长，并威胁说如果警卫队长不听话，就把他关进仓库。

在此之前，美洲原住民对传教士和其他殖民者的抵抗由来已久，因此这可能是第一个引起报道的罢工事件。[40]

1969 年 1 月 22 日

底特律艾尔登·克莱斯勒工厂的黑人工人带着一份“申诉清单”，向美国汽车工人联合会（UAW）发起游行。工人们组建了埃尔登革命联盟运动（ELRUM），并在第二天发起罢工，将三分之二的工人拒之门外。作为报复，该公司解雇并惩戒了数十名武装分子。尽管如此，埃尔登革命联盟运动还是在接下来的一年里恢复了其在该工厂的地位和影响。[41]

23日

1913年1月23日

罗切斯特服装工人罢工（艾尔伯特·R. 斯通作品集/维基共享资源提供）

1万名服装工人在纽约罗切斯特举行了旨在争取一天8小时工作时间、工资提升10%、承认工会以及为加班和假期额外支付工资的罢工活动。在罢工过程中有6人受伤，18岁的工人艾达·布雷曼被血汗工厂承包商开枪打死。[42]

1982年1月23日

除2名车手外的所有一级方程式大奖赛（All Formula One Grand Prix）车手将自己关在一个房间里，抗议新的“超级执照”条件。新的执照将用三年合同制捆绑赛车手，更糟糕的是，新规将禁止对其管理机构国际汽车联合会（FIA）进行任何批评。违反规定的赛车手将被处以终身禁赛的处罚。罢工以车手们接受罚款、新执照被取消而结束。[43]

24日

1977年1月24日

9名左翼律师在马德里被法西斯分子开枪袭击，这次袭击被称作阿托查大屠杀。法西斯分子带着机关枪进入工人委员会的办公室，寻找共产主义运输罢工的组织者。他们没有找到那名组织者，于是向1名律师开枪，将另外8名律师拉到墙边站成一排并向他们开枪，造成 5 人死亡，其他人重伤，伤者还包括 1 名孕妇。

同一天，在该市的其他地方，21 岁的学生玛丽亚·卢斯·纳赫拉·朱利安在前一天的反对法西斯谋杀左翼瓦匠阿图罗·鲁伊斯的示威活动中被警方杀害，当时她正在抗议要求释放政治犯，警方放走了袭击者，指控了鲁伊斯的示威者同伴。[44]

25 日

1911 年 1 月 25 日

日本无政府女权主义者管也须贺因参与密谋暗杀天皇被处决。她是日本唯一因叛国罪被处决的女性。

管也须贺（维基共享资源提供）

管也须贺和她的 6 名同伴都认了罪，其他 24 名无政府主义者大多是无辜的，但也被判处了死刑。这使须贺非常愤怒，她在狱中日记里写道："不用说，我已经为死刑做好了准备。我日夜唯一关心的是，我的同伴们尽可能多地获救。我相信我们的牺牲不是徒劳的，它将在未来结出硕果。我相信，因为我坚信我的死亡将起到宝贵的作用，我将能够保持我的自尊，直到在刑台上的最后一刻。我将沉浸在一种令人无比安慰之中，那就是我正在为这项事业牺牲自己。我相信我将能够无惧无痛地高尚地死去。"在最后一篇日记中，她写下了得知她的 12 名同伴被判缓刑得以幸免于难的喜悦之情。[45]

26日

1932年1月26日

在纽约，主要由犹太租户组成的4000人袭击了试图驱逐17名租户的警察预备队。妇女们领导了这次暴动，她们站在屋顶上，用扩音器指挥租户们向警察投掷武器。[46]

1952年1月26日

开罗大火，也被称为黑色星期六，暴动开始于抗议者烧毁和抢劫数百栋欧洲人拥有的建筑物，以抗议英国占领军在前一天杀害50名埃及警察，而该事件的起因是机场工作人员拒绝为四架英国飞机提供服务。[47]

27日

1918年1月27日

工人占领了赫尔辛基，芬兰革命爆发。接下来的几天里，工人占领了该国的许多其他大城市。芬兰人民共和国（People's Republic of Finland）进行了多项影响深远的改革，包括保障妇女选举权、工人控制生产、每天最多8小时工作制、废除旧的土地分配制度以及解放家仆和雇农。

然而，为了结束第一次世界大战中与同盟国的冲突，俄罗斯布尔什维克政府在1918年3月的《布列斯特—立托夫斯克条约》（Treaty of Brest-Litovsk）中将芬兰连同其他领土一起让给了德国。接下来的一个月，反革命的白军武装将革命淹没在鲜血中，杀害了数千名工人和社会主义者，并把数万人扔进了拘留营。[48]

1923 年 1 月 27 日

无政府主义矿工库尔特·威尔肯斯暗杀了阿根廷陆军军官赫克托·贝尼尼奥·瓦雷拉上校，后者于 1921—1922 年在巴塔哥尼亚杀害了 1500 名工人。威尔肯斯被捕入狱，并很快被狱警偷偷安排进监狱的前警官杀害。在他死后，全国各地爆发了无限期的大罢工。[49]

⊹· 28 日 ·⊹

1917 年 1 月 28 日

在美国工作的 17 岁墨西哥女佣卡梅丽塔·托雷斯拒绝接受为过境日工提供的强制性汽油浴，并说服其他 30 名电车乘客加入她的行列。她的抗议随后蔓延开来并成为众所周知的“洗澡暴动”。

汽油除了有毒之外，还有致命的火灾风险。在埃尔帕索，一群正在接受汽油浴的囚犯在一场意外火灾中被烧死。

墨西哥工人们对这种做法的愤怒终于爆发了。在几个小时内，托雷斯聚集了数千名抗议者，其中大部分是女性。他们封锁了进入埃尔帕索的所有交通。当移民官员试图驱散他们时，他们向其投掷石块和瓶子，而美国和墨西哥的军队抵达时也得到了相同的待遇。骚乱最终被士兵镇压，托雷斯被捕，这似乎对未来的抗议活动起到了抑制作用。

强制墨西哥工人接受汽油等有毒化学品以及后来的 DDT 和齐克隆 B 沐浴和熏蒸的做法一直持续到 20 世纪 50 年代。在边境使用齐克隆 B 引起了纳粹德国科学家的关注，他们在 20 世纪 30 年代后期开始在边境和集中营中使用这种药剂来驱虫。臭名昭著的是，他们后来还用它在大屠杀中杀死了数百万人。[50]

1946 年 1 月 28 日

智利圣地亚哥布尔内斯广场发生了一起大屠杀，警察向数千名抗议物价上涨的工人开枪，造成 6 人死亡、多人受伤。抗议公司杂货店价格上涨的硝石工人的罢工遭到镇压，成千上万名工人游行支持他们的罢工活动。[51]

29 日

1911 年 1 月 29 日

在墨西哥北部，发生了所谓的蒂华纳起义的第一场战斗。无政府主义墨西哥自由党的国际支持者和世界产业工人联盟成员在黎明前突袭了墨西卡利镇，杀死了狱卒。尽管存在严重缺陷，起义仍在边境地区蔓延，并在 5 月夺取蒂华纳镇时达到顶峰。[52]

1935 年 1 月 29 日

圣基茨一家糖厂的工人参加了前一天开始的旨在要求加薪的甘蔗砍伐工人罢工。工人们聚集在巴克利种植园的院子里，当他们拒绝离开时，经理向人群开枪，打伤了几名工人。英国武装警察随后赶到，但工人们仍不肯散去，要求逮捕该经理。警察转而向工人开枪，造成 3 人死亡、8 人受伤。第二天，一艘英国军舰抵达，海军陆战队下船镇压了罢工。39 名罢工者被捕，6 人被判入狱 2—5 年。[53]

31 日

1938 年 1 月 31 日

得克萨斯州南部山核桃脱壳公司的山核桃脱壳工举行了旨在反对低工资的罢工活动。在发起者艾玛・特纳尤卡的带领下，绝大多数由拉丁裔女工组成的罢工队伍坚持了一个月，最终赢得了胜利。[54]

1957 年 1 月 31 日

纽约市 350 名犹太百吉饼面包师罢工。起初，百吉饼卡车司机并没有加入罢工行动。然而，面包师通过砍轮胎、劫持卡车、偷车钥匙等方式呼吁卡车司机参与罢工，直至他们同意加入罢工行动。佩克特烘焙公司的 385 名工人也加入了他们的行列。面包师们罢工了 33 天，直到该市的 34 家面包店同意提高他们的工资和福利。[55]

2 月

1日

1960 年 2 月 1 日

北卡罗来纳州格林斯博罗市伍尔沃斯博物馆的午餐柜台拒绝为4 名黑人大学生提供服务，他们拒绝离开并表示抗议。到次年 9 月，

格林斯博罗市伍尔沃斯博物馆，现在是一个民权博物馆（波比旅行提供）

已有超过 7 万人参加了反对吉姆·克劳种族隔离法的静坐示威活动。[1]

2 日

1902 年 2 月 2 日

伊莎贝洛·德洛斯·雷耶斯（维基共享资源提供）

伊莎贝洛·德洛斯·雷耶斯成立了菲律宾民主工人联盟（UOD），这是菲律宾第一个工会联合会。联合会成立的第二年，其成员工会组织已有 150 个，会员总数达 2 万人。联合会的规范准则基于德国共产主义者卡尔·马克思和意大利无政府主义者埃里科·马拉泰斯塔的思想主张。雷耶斯曾在西班牙待过一段时间，在那里他因煽动工人罢工而入狱。他在监狱中接触到了无政府主义和马克思主义思想，并将马克思和俄罗斯无政府主义者米哈伊尔·巴枯宁等人的大量书籍带回了菲律宾。[2]

3 日

1988 年 2 月 3 日

英国 2500 名护士罢工，反对在通货膨胀率接近 5% 的情况下仅加薪 3% 的提议。汽车制造商沃克斯豪尔的工人和一些矿工参加了同情罢工。尽管受到媒体的攻击，但大多数人还是支持罢工的，他们也赢得了一些让步。[3]

1994 年 2 月 3 日

厄瓜多尔工人举行全国大罢工，抗议总统西斯托·杜兰·巴连保守政府的经济政策，特别是汽油价格上涨 71%。而在此前一天，还发生了学生总罢课。[4]

4日

1899年2月4日

当美国决定接管新独立的菲律宾共和国时，美国发动了一场残酷的平叛运动，并在1902年正式宣布美菲战争的胜利，尽管在此后的几年间，仍有许多菲律宾人民继续同占领者作战。[5]

1924年2月4日

在三K党试图恐吓世界产业工人联盟组织者之后，大约175名世界产业工人联盟成员在缅因州格林维尔街头巡逻，对抗三K党。"我们要坚持下去，如果三K党想要开始什么，世界产业工人联盟就会结束它"，鲍勃·皮斯宣称。这名"沃布利"（即世界产业工人联盟成员）还声称，三K党是受雇于世界产业工人联盟活动活跃的木材行业。[6]

5日

1885年2月5日

比利时国王利奥波德宣布刚果自由邦为其新殖民地。接下来，欧洲殖民主义展示了其可怕的一面。殖民者开始对当地居民进行无情的剥削，迫使他们开采自然资源，尤其是橡胶，并把这些资源运回比利时。800万—1000万名非洲人被杀害，更多的人被迫害致残，而恶行的原因看起来却微不足道，比如没有达到生产目标。[7]

1981年2月5日

苏格兰格林诺克Lee牌牛仔工厂的240名大多数为女工的劳动者在得知工厂即将关闭、生产将被转移到其他地方时，占领了工厂。他们用椅子堵住门，其中2人爬上屋顶，顺着排水管爬下去，买了240份炸鱼薯条和艾恩·布鲁（一种流行的苏格兰碳酸饮料）。他们持续占领工厂7个月，直到管理层让步，同意为他们买断工龄，并为140名工人找工作。[8]

6日

1919年2月6日

西雅图大罢工开始。近10万人停工支持罢工的造船厂工人。更重要的是，罢工者随后选举了一个罢工委员会，开始自己管理城市并提供基本服务。虽然造船厂工人没有得到加薪，但为期5天的大罢工是一次历史性的成功实验，表明工人可以自己管理社会。

同一天，蒙大拿州比尤特的工人发起自己的大罢工以回应每天一美元的工资削减。为防止罢工运动被分裂，工人们成立了工人和士兵委员会（Workers' and Soldiers' Council）来实施罢工。[9]

7日

1919年2月7日

代表新泽西州埃塞克斯7.5万名成员的建筑工会积极分子投票，决定于7月1日禁酒令生效时罢工。两天后，据报道，纽约市20万名工人也投票决定罢工，还有15万人将在接下来的两周内投票。纽约工会收到了来自洛杉矶、辛辛那提、西雅图、旧金山、芝加哥、圣路易斯、堪萨斯城、密尔沃基和其他地方的工会分支机构的来信。支持该运动的工人佩戴写着“没有啤酒，就不工作”的徽章。然而，工会领导人在次月取消了这项行动，称这会让他们“看起来很荒谬”。[10]

1974 年 2 月 7 日

格林纳达从英国独立。此前，这里经历了一段时间动荡的内乱，包括自 1 月 14 日以来一直持续的抗议警察和准军事暴行的全国性大罢工。[11]

⊹· 8 日 ·⊹

1517 年 2 月 8 日

埃尔南德斯·德·科尔多瓦率领三艘船从古巴向西航行，探索墨西哥南部海岸，寻找土著人奴役并强迫他们在矿井中劳动。他被玛雅人打败而被迫撤退，在返回古巴后不久因伤死亡。[12]

⊹· 9 日 ·⊹

1912 年 2 月 9 日

多塞特郡布里奇波特甘德里网绳厂的一群女工因工资和工作条件问题而发起自发罢工。她们在镇上游行，唱着争取妇女投票权的歌曲，为罢工基金募集资金。她们拒绝了当地议员的仲裁。在一名伦敦工会官员签署协议并解决争端后，她们于一周内重返工作岗位。[13]

⊹· 10 日 ·⊹

1960 年 2 月 10 日

席卷北卡罗来纳州的静坐活动影响到了罗利。黑人学生在全市商店的白人午餐柜台示威，商店只好关闭柜台。[14]

1979 年 2 月 10 日

罢工的莴苣种植者鲁菲诺·孔特雷拉斯在加利福尼亚被一名工

头杀害。4300 名工人在帝王谷的一场暴力冲突中举行了罢工，这些工人大多是由农场工人联合会组织的。当局以证据不足为由，拒绝起诉凶手。[15]

✧· 11 日 ·✧

2004 年 2 月 11 日

80 名失业工人洗劫了斯洛伐克莱沃察镇的一家超市，引发了一场主要由罗姆人参与的反对全面削减福利的激进抗议浪潮，抗议活动最终以所有失业人员获得更好的条件而告终。[16]

✧· 12 日 ·✧

1978 年 2 月 12 日

在奥特亚罗瓦（即新西兰），250 名泰努伊 · 阿维罗部落的毛利人及其盟友占领了拉格伦高尔夫球场，阻止了正在进行的比赛。该球场建在第一次世界大战期间政府占据的原住民墓地的遗址上。最终，部落居民被驱逐，他们的家园和坟墓被毁，土地被卖给了私人开发商。

在 1972 年俱乐部计划扩大和摧毁更多墓地时，既是高尔夫俱乐部会员，也是部落成员的伊娃 · 瑞卡德作为主要组织者发起了抗议活动。泰努伊 · 阿维罗的宗教领袖举行了仪式并跳起了传统的哈卡欢迎舞。到了下午，警方开始逮捕占领者。他们暴力逮捕了瑞卡德，给她的手腕造成永久性伤害，并导致其他 17 人受伤。作为回应，蒂马塔基特部落的一位成员本 · 马修斯对着电视摄像机，在议会前院的草坪上打了一场高尔夫球。最终，首相打电话给瑞卡德，提出将土地回售给部落，但瑞卡德拒绝了，她认为政府一开始就没有支付土地的费用。

毛利人的直接行动一直持续到 1983 年，政府作出让步并归还了土地。现在这里是一个向公众开放的社区中心。[17]

13 日

1913 年 2 月 13 日

琼斯妈妈（美国国会图书馆提供）

在当局宣布戒严以镇压煤矿工人罢工后，82 岁的劳工活动家琼斯妈妈在西弗吉尼亚州查尔斯顿被捕。据报道，她因试图阅读《独立宣言》和策划谋杀而被指控煽动骚乱。她在军事法庭受审并被判处 20 年监禁。琼斯妈妈宣称："我在西弗吉尼亚做的事情是我在美国各地都做过的。当我出去时，我会再做一次。"她在服刑 85 天后获释并被赦免。然而，她在狱中感染了肺炎。[18]

1951 年 2 月 13 日

奥特亚罗瓦（即新西兰）爆发了劳资纠纷。这场纠纷始于码头工人推出的一项加班禁令，要求与其他产业工人一样加薪 15%，但大多数英国拥有的航运公司只为码头工人提供了 9% 的加薪。

雇主拒绝了工人的诉求。政府通过引入紧急状态法、部署陆军和海军、注销码头工人联合会（WWF）来破坏罢工。全国伞形工会组织、新西兰全国劳工联合会（Federation of Labour）支持政府，不支持码头工人。

虽然遭到各种力量反对，但仍有多达 2 万名其他工人采取了团结罢工行动来支持码头工人，还有数千名工人拒绝处理霉变的货物。尽管如此，在 151 天之后，码头工人被迫承认罢工失败。事件发生后，许多罢工激进分子被列入黑名单，并在此后的数年内被禁止在码头工作。[19]

14 日

1874 年 2 月 14 日

刊登在伦敦的《便士画报》（*Penny Illustrated*）上的这幅图，描绘了 1873—1874 年的比哈尔饥荒。当时，该地区的干旱危及粮食供应，新上任的英国孟加拉总督理查德·坦普尔组织了大规模的救援行动，从缅甸进口数十万吨大米，并组织救援包提供 3 亿份救援物资（每份供一人一日）。在迅速的行动下，几乎没有人死于这次饥荒。

饥荒街景（来自《便士画报》）

然而，坦普尔因开销过大而遭到英国政府的强烈斥责。因此，当第二次饥荒于 1876 年席卷印度南部和西南部时，坦普尔大幅减少了援助，同时向英国出口了数十万吨粮食，导致大约 550 万名印度人死亡。[20]

1939 年 2 月 14 日

在 10 名消防员短暂停工并返回工作岗位后，圭亚那莱昂诺拉甘蔗种植园的工人骚乱升级。一个铁锹帮的80—90名成员拒绝了每畦9美分的野外工作费用，要求提高到12美分。[21]

⊹· 15日 ·⊹

1851年2月15日

一群非裔美国人和废奴主义者突袭了波士顿法院，救出了被监禁的逃亡奴隶沙德拉克·明金斯（又名弗雷德里克·詹金斯），然后将他偷运到加拿大。他在那里获得了自由。[22]

1913年2月15日

由世界产业工人联盟组织的俄亥俄州阿克伦橡胶工人罢工人数已增至3500人。当月早些时候，凡士通的300多位非工会工人罢工并向世界产业工人联盟求助。面对警方的暴力镇压，罢工在几周后结束，没有赢得对方真正的让步。在此后的20年中，阿克伦橡胶工人在严密组织下进行了静坐罢工抗议，并赢得了巨大收益。[23]

⊹· 16日 ·⊹

1924年2月16日

英国近20万名码头工人罢工。此时工党首次执政，总理拉姆齐麦克唐纳援引1920年《紧急权力法案》（*Emergency Powers Act*），竭尽全力将该法用于阻止工人的罢工活动。尽管如此，工人们还是坚持了下来，一周后，他们投票同意每天增加两先令的工资。[24]

1937年2月16日

底特律的一群以波兰女性为主的雪茄制造者以静坐的方式要求加薪10%，在该市整个行业掀起了一场激进的静坐罢工浪潮。[25]

17日

1964年2月17日

圭亚那爆发了一场全国性的糖业工人罢工，要求糖业生产者协会（Sugar Producers’ Association）承认圭亚那农业和普通工人工会。英国公司试图利用非洲工贼遏制以东印度工人为主的罢工，这加剧了该国的种族紧张局势，并在当年晚些时候以亚洲族裔的被害而告终。[26]

1977年2月17日

在位于罗马的萨皮恩扎大学被学生占领期间，意大利总工会总书记、共产党员卢西亚诺·拉马带着数百人的安全团队前往占领地给学生们“讲道理”。他带来的工厂工人起初被告知要在那里与“法西斯分子”作斗争，但在看清这是谎言后，工人队伍中的许多人离开了。在拉马要发表演讲的地方，他发现了另一个都市印第安人搭建的讲台，上面有一个很像自己的假人，包括一个巨大的红色情人节心形图案和一个包含他名字的双关语：Nessuno L’Ama（别信拉马，没人爱他）。

学生和暴徒之间发生了暴力冲突，导致拉马和他团队的扬声器被砸碎并被赶出校园，事件在后来广为人知，进一步增强了意大利议会外的左翼势力。

都市印第安人是一群意大利激进分子，他们在阶级斗争中将幽默和嘲笑作为武器。[27]

18日

1946年2月18日

孟买港的水手为争取更好的食物和生活条件举行罢工，引发印度皇家海军发生兵变。叛乱迅速蔓延到全国，涉及66艘船和岸上设施的1万名水手。伴随而来的是孟买为期一天的大罢工，以及印度皇家空军和地方警察部队小规模兵变。叛乱遭到英国军队和皇家海军军舰的残酷镇压。当局随后开始逮捕并在军事法庭审判叛乱者，最终解雇了476名水手，这些人恢复自由后没能重新回到印度或巴基斯坦海军。[28]

19日

1951年2月19日

当时是大英帝国一部分的格林纳达岛爆发了一场由农业工人和其他劳动者参与的大罢工，他们要求加薪并承认格林纳达体力和脑力劳动者工会（GMMWU）。调来的英国军队和加勒比其他地方的殖民警察枪杀了几名罢工支持者。尽管遭到暴力镇压，工人们仍继续战斗，于5月19日赢得了50%的加薪，并首次获得了带薪休假权——每年工作超过200天的工人，可以享受7天带薪假。这是“二战”后加勒比地区罢工浪潮的一部分。[29]

20日

1834年2月20日

新英格兰爆发第一次洛厄尔“工厂女孩”罢工。800名纺织女工举行罢工，反对减薪15%。她们还立即提取了所有存款，导致两家当地银行被挤兑。虽然罢工未能阻止减薪，但这传递了一个强有力的信息——该地区的女工将不再软弱和顺从。[30]

1990年2月20日

矿工们在为期10个月的罢工和占领弗吉尼亚州的皮茨顿煤厂行动中获胜。静坐示威、蓄意破坏以及数千名罢工支持者和妇女的行动在这一胜利中发挥了关键作用。长达一个月的苏联煤炭罢工事件占据了美国新闻广播的主导地位，但更长时间的皮茨顿罢工几乎没有得到主流媒体的报道。[31]

21日

1936年2月21日

韩国无政府主义者申采浩死于狱中。他和他的同伴被日本警察逮捕，申采浩因加入一个秘密组织而被判处10年苦役。他曾是韩国杰出的记者，以自己的特质而闻名。例如，他洗脸时站得笔直，总是把水溅到身上，但他拒绝像鞠躬一样弯腰。[32]

1965年2月21日

马尔科姆X（美国国会图书馆提供，纽约世界电报和太阳集团收藏）

美国民权和黑人权力运动的重要演讲家和活动家哈吉·马利克·沙巴兹（他更为人知的名字是马尔科姆X），在准备向纽约一群支持者发表演讲时被暗杀。作为白人至上主义的激烈反对者，如果非暴力会延迟黑人的解放，马尔科姆X会批评绝对的非暴力原则。他也批评所有形式的剥削。在他被谋杀的前一个月，他对一位采访者说：“我之前一直认为黑人与白人的斗争是最根本的斗争。现在我意识到，富人与穷人的斗争才是最根本的。”[33]

✦· 22日 ·✦

1927年2月22日

在日本成立了第一个韩国临时工工会——自由劳动者组合（Casual Workers' Union）。它是由韩国无政府主义者文成勋、李思宇、欧成文等人组织的。[34]

2018年2月22日

为抗议低工资和新的低劣医疗保险计划，西弗吉尼亚州约2万名教师无视法律和他们自己的工会，自发罢工。他们通过各个学校、各县和州的脸书团体组织起来，关闭了55个县的所有学校，25万名学生受到影响。

4天后，工会领导人试图与州长达成口头协议后取消行动，但教师们再次组织起来，并决心在通过立法达成真正的协议之前继续罢工。直到3月6日，立法机关通过一项法案，给教师和其他州雇员加薪5%。

他们的行动激励其他教师们于同年在肯塔基州、俄克拉何马州和亚利桑那州采取类似行动，随后在丹佛、奥克兰和洛杉矶也发生了类似罢工。[35]

✦· 23日 ·✦

1910年2月23日

纽约纺织工人在赢得更高的工资后，决定结束他们为期5个月的罢工，这场罢工也被称为“两万人起义”。这场罢工的主要力量是即将声名狼藉的三角衬衫厂的犹太和意大利移民工人，其中大多数是女性。尽管罢工没有得到工会的认可，但工人们还是决定重返工作岗位。[36]

2004 年 2 月 23 日

在斯洛伐克的特雷比绍夫，安全部队与抗议削减福利的失业工人（其中大多数是罗姆人）之间发生了重大冲突。警方使用催泪瓦斯和水炮袭击了 400 名示威者。第二天，警方又袭击了抗议者定居点，进行非法搜查，并用警棍和电牛棒折磨包括孕妇和残疾人在内的居民。尽管如此，抗议活动仍在持续，这次抗议成功地改善了该国所有失业者的福利。[37]

⊹· 24 日 ·⊹

1912 年 2 月 24 日

在世界产业工人联盟大约 2 万名纺织女工举行面包和玫瑰罢工（Bread and Roses Strike）期间，警察用棍棒袭击了罢工者及其被送往其他家庭的孩子。

在罢工期间，罢工者的子女得到了纽约市罢工支持者们的照

警方对罢工者及其子女的镇压（欧内斯特·科利尔《科利尔周刊》）

顾，以帮助其父母承受罢工的痛苦。事实证明，这种策略非常成功。因此，在这一天，市政当局试图阻止 100 名儿童前往费城。当妇女和儿童被捕时，他们拒绝缴纳罚款，而是选择坐牢。警察的暴力行为适得其反，更加激发了美国各地对罢工的支持。[38]

25 日

1941 年 2 月 25 日

荷兰举行了一次大罢工以对抗占领区纳粹的反犹太措施。这次罢工由共产党人组织，第二天遭到强烈镇压，主要活动人士被送往集中营。[39]

1986 年 2 月 25 日

美国支持的菲律宾反共独裁者费迪南德·马科斯被大规模抗议推翻，并被迫逃离该国。这场革命被称为“人民力量革命”。[40]

26 日

1860 年 2 月 26 日

在被称为维约特大屠杀的事件中，白人殖民者在加利福尼亚州尤里卡的现代印第安岛图卢瓦特袭击并杀害了多达 250 名土著维约特人。维约特人从未与白人殖民者发生过冲突，因此没有预料到会遭到袭击。袭击发生的那天，部落的大部分年轻人外出收集物资了。

白人殖民者用棍棒、斧头、刀子和几支枪作武器，并试图有组织地杀害岛上的每个人，大部分是妇女、儿童和老人。在接下来的几天里，该地区更多的维约特人被杀害。

虽然许多白人声讨了这场谋杀，但没有人因此被起诉，一名撰写社论谴责凶手的记者因受到死亡威胁而被迫离开该地区。

杀戮之后，幸存的维约特人被禁止返回他们的土地。许多幸存者试图抵抗，对附近的白人定居点发动袭击，但他们最终被转移到保留地。

他们和他们的后代从未放弃为家园而战。维约特部落于 2000 年通过购买收回了一块旧土地，2019 年该市将大部分剩余土地归还维约特人。[41]

1931 年 2 月 26 日

洛杉矶发生了拉普拉西塔突袭行动，武装移民官员（其中一些身着军装）封锁了一个墨西哥人社区内很受欢迎的拉普拉西塔公园。他们要求公园里的每个人都出示证件，然后逮捕了数十人，随后将其中许多人驱逐出境。这些突袭行动是墨西哥遣返行动的一部分，这一系列非法突袭行动将多达 180 万人驱逐出境，其中大多数实际上是在美国出生和长大的美国公民。1929 年，赫伯特 · 胡佛总统决定在大萧条期间为白人工人“创造就业机会”，而将那些被视为“其他人”的人（即墨西哥人和墨西哥裔美国公民）排除在外。在富兰克林 ·D. 罗斯福总统的领导和工会的支持下，这种做法一直持续到 1936 年。[42]

27 日

1943 年 2 月 27 日

罗森施特劳斯抗议活动开始，这是德国人唯一一次反对驱逐犹太人的大规模公开示威活动。罗森施特劳斯拘留中心外的抗议活动一直持续到 3 月。抗议者是由犹太男性的非犹太籍的妻子及亲属组织的，这些犹太男性在柏林各地的野蛮逮捕浪潮中被捕。那些拒绝

纪念罗森斯特劳斯抗议活动的雕塑（英格伯格·亨津格摄影，曼弗雷德·布吕克尔/维基共享资源提供）

与丈夫离婚并表明她们愿意为保护自己的犹太家庭而牺牲的坚韧妇女，迫使纳粹当局暂时让步。与大多数欧洲犹太人不同，被拘留在罗森斯特劳斯的犹太人在大屠杀中幸存下来。[43]

1973 年 2 月 27 日

印第安人武装激进分子占领了南达科他州的翁迪德尼市，抗议部落腐败和美国政府未能继续履行他们与原住民签署的条约。

虽然最终失败了，但这次的占领行动激起了人们对美洲印第安人运动的巨大支持，其中包括著名的马龙·白兰度，他抵制了当年的奥斯卡颁奖典礼，派阿帕奇演员萨克恩·利特费瑟代替他领取最佳男演员奖。利特费瑟因在讲台上发言而受到逮捕威胁后，在后台向记者发表了关于翁迪德尼市的演讲。[44]

28 日

1948 年 2 月 28 日

加纳的英国殖民警察向一群手无寸铁的退役军人开火，造成3 名加纳人死亡、多人受伤。这些曾在英国军队服役的退役军人试图向州长提交一份请愿书，要求采取行动以应对不断上涨的生活成本。6 名非洲人随后被捕，未经审判即被驱逐出境。[45]

1969 年 2 月 28 日

黑豹党在华盛顿州奥林匹亚的国会大厦举行武装示威，抗议政府解除他们武装的企图。在警察杀害无数手无寸铁的黑人之后，革命社会主义黑豹党开始武装自卫巡逻。

西雅图的共和党市长已经通过了一项类似的法律，即州立法者提出，从法律层面将“展示枪支或其他武器意图恐吓他人”定为严重行为失范。立法者匆忙通过立法，在听说黑豹党计划示威后，警方惊慌失措地召集了数十名武装州警，并在国会大厦的屋顶上安装了机关枪。

黑豹党的成员乘坐四辆汽车抵达，并应警方要求卸下了武器。他们中一名叫亚伦·迪克森的人进入大楼并向立法机构发表了 5 分钟的声明，其他人则将门关上，迫使官员们倾听。尽管遭到抗议，但州长丹·埃文斯还是签署了该法案，使之成为法律。

全国步枪协会，据称是一个枪支权利倡导组织，并不支持黑豹党，其他地方也支持共和党采取法律行动，解除黑豹党的武装。[46]

29 日

1864 年 2 月 29 日

纽约州特洛伊衣领洗衣工会的 300 名女工赢得了为期 6 天的罢工，获得 25% 加薪。大多数雇主在这一天对女工的要求作出让步，而前一天只有少数雇主让步。[47]

2004 年 2 月 29 日

海地总统让 - 贝特朗·阿里斯蒂德在右翼军事政变中被赶下台。在此之前，阿里斯蒂德曾两次担任总统，他试图将军队置于平民控制之下，使自己不受军队欢迎。他对富人采取措施，防止国家财富被掠夺，向前法国殖民政权要求归还 19 世纪和 20 世纪从海地勒索的赎金。他的政府还推出了各种渐进式改革，包括将最低工资提高一倍、为穷人提供食品补贴、以及建设大量学校和医院。[48]

3 月

⊹· 1 日 ·⊹

1919 年 3 月 1 日

韩国爆发“三一运动”（March First Movement），要求从日本殖民主义中独立。在接下来的 6 周内，大约 200 万名韩国人（占总人口的 10%）参加了 1500 场示威活动。日本警察和武装部队暴力镇压了这场运动，造成约 7500 人死亡，其中一些人被公开处决，近 1.6 万人受伤，4.6 万多人被捕。与此相对的是，日本当局声称有 8 名安全部队人员被杀。尽管遭到镇压，抗议活动还是促进了韩国的独立运动。自 1949 年以来，3 月 1 日一直是韩国的法定节假日。[1]

1968 年 3 月 1 日

东洛杉矶伍德罗 · 威尔逊高中的奇卡诺学生举行罢课，抗议校方取消学生活动。几天后，3 月 6 日，来自 7 所或更多不同高中的大约 1.5 万名学生集体组织罢课。他们的目标是让更多的拉丁裔教师进入学校并修改教科书，以便将墨西哥裔美国人的历史纳入教材。①

① 在这本书中，“拉丁”、“奇卡诺”和“菲律宾”指代拉丁语、奇卡诺语和菲律宾语的中性属性。

学校不允许奇卡诺学生在课堂上说西班牙语，辅导员和老师也经常劝阻这些学生申请大学。1967年，墨西哥裔美国学生的辍学率在一所高中高达57.5%。警察和学校管理人员通过封堵校门并逮捕许多试图和平抗议的学生来阻止罢课，但学生们并没有被吓到。

在罢课之后，3月11日，学生们与洛杉矶教育委员会举行了一次特别会议，他们在会上提出了数十项要求。不幸的是，教育委员会表示，虽然他们同意绝大多数要求，但缺乏资金，意味着这些要求将无法得到贯彻执行。

即使没有完全胜利，罢课也有助于团结和激化奇卡诺青年中的工人阶级。[2]

2日

1921年3月2日

大约2000名矿工组成的跨国组织在克罗地亚的拉宾发动了一场起义，抗议意大利法西斯前一天对一名工会激进分子发动的袭击。几天后，矿工们宣布成立共和国，起义持续到4月，直到1000名士兵抵达后才被平息。[3]

1955年3月2日

在亚拉巴马州蒙哥马利市，15岁的非裔美国人克劳迪特·科尔文在公共汽车上拒绝按要求为一名白人乘客让座，被以违反该市种族隔离法名义逮捕，并被指控犯有多项罪名。黑人社区的领导人曾考虑将她的案件变成轰动事件和民权运动的试验案例，但据一些当地活动人士称，科尔文的黑皮肤和工人阶级背景引起了人们的担忧。其中一位名叫格温·巴顿的人告诉《卫报》(*Guardian*)记者加

克劳迪特・科尔文（可视化项目 / 维基共享资源提供）

里・扬格，“部分原因是她的肤色，也因为她来自贫穷的工薪阶层，这是一个资产阶级黑人看不起工人阶级黑人的案例”。在科尔文因法定强奸罪而怀孕后，领导层决定不追究她的案子。[4]

3 日

1816 年 3 月 3 日

克丘亚族的混血妇女朱安娜・阿祖杜利，率领她的一个反殖民军事分队，包括一个被称为“亚马孙人”的女子部队，在维拉附近与西班牙军队的战斗中取得了胜利。[5]

1959 年 3 月 3 日

肯尼亚发生了霍拉大屠杀。肯尼亚平民集中营的一名英国指挥官用棍棒毒打了 88 名被拘留者，造成 11 人死亡、77 人受到严重的永久性伤害。[6]

瓦姆布古·瓦尼基，大屠杀幸存者之一（英国殖民主义博物馆 / 海伦·马西多摄影）

4日

1919年3月4日

在威尔士金梅尔公园等待复员（回国）的英军中的加拿大军队发生兵变。这支军队中的1.5万人被困在营地，拥挤不堪，条件肮脏，口粮减半，一个多月没有拿到工资。当营地指挥官去瑞尔参加一个晚间活动时，士兵们的怒气爆发了。他们抢劫了营地物资和军士食堂并纵火。他们还设法抢到了几支步枪，给剃刀接上手柄当作临时武器。

军官和忠诚的士兵武装起来镇压暴乱，逮捕了20名叛乱者，其他叛乱士兵随后将被捕者释放。最终，军官们开枪并在凌晨4点30分重新控制了营地。这一事件造成3名叛乱分子和2名警卫死亡，78名叛乱者被捕，25人被判犯有叛变罪并被判处最高十年的监禁。然而，军事当局极大地加快了这些人的复员遣散速度。[7]

1972年3月4日

洛德斯顿通用汽车公司工厂的数千名汽车工人因诸多不满而罢工。这次罢工发生在一场广泛的非官方破坏和旷工运动中。例如，为减缓非人道的快速生产线，工人往往故意不完成他们指定的任务。工厂经理告诉《克利夫兰经销商报》:“我们遇到过发动机缸体在40名工人不干活的情况下通过了生产线的情况。”其他工人则砍坏内饰，划伤车漆，弯曲金属部件。管理层的回应是处分和停职1200名工人，解雇近700人。

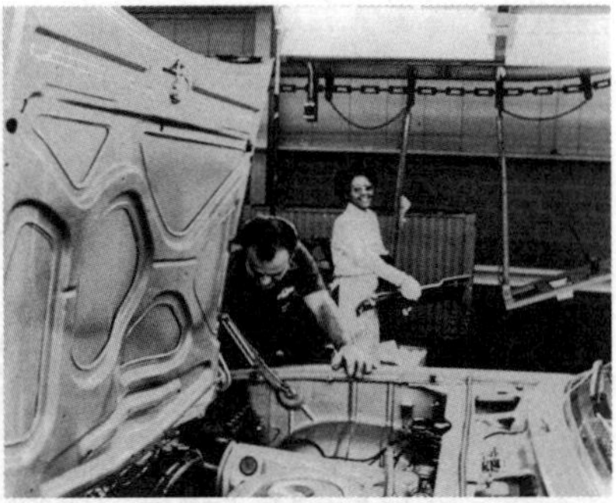

洛兹敦工厂工人（韦恩州立大学劳工和城市事务档案馆 / 沃尔特·P. 鲁瑟图书馆提供）

工人坚持了22天，赢得了包括取消大部分裁员和纪律措施在内的让步。尽管管理层没有在工人面临的主要问题，即提速和工作量上作出让步，但美国汽车工人联合会还是宣布他们取得了彻底的胜利。

一名工人随后的抱怨概括了普通员工的感受:“在罢工之前，当地工会让我们不要以超出自己限度的速度工作。现在人们害怕失去工作，工会和公司却说一切都解决了。”

这场纠纷对一些激进的工人来说是一个教训，他们认识到，罢工者自己解决纠纷的重要性，而不是将纠纷留给工会领导层。[8]

5日

1943年3月5日

上午10点（周五），少数工人在法西斯意大利都灵的菲亚特米拉菲奥里工厂举行罢工。上周末，罢工呼声传遍了该市工人所住地区。到周一，铁路工人和其他工厂工人加入了罢工行动，有些人通过严格遵守工作场所的规定来降低生产速度。一周时间内，就有10万名工人加入罢工，除了普遍要求支付战争奖金外，还提出了各种不同的诉求。当局逮捕了850名工人，但未能阻止罢工，于是被迫对大多数工人的要求作出让步。在这场争端之后，工人对法西斯主义的抵抗升级，抗议活动也促成了当年晚些时候的武装抵抗运动。[9]

1984年3月5日

在保守党政府宣布矿坑关闭计划后，科尔顿伍德煤矿的矿工开始罢工，引发英国矿工大罢工。其他一些矿场已经在其他纠纷中举行罢工，但针对关闭矿场的罢工蔓延到了约克郡各地，四天后，全国矿工工会（NUM）发起了全国性罢工，全国大多数矿工都参加了此次罢工活动。

妇女（其中许多是矿工的妻子）在支持罢工方面发挥了关键作用，在她们的帮助下，工人们的罢工持续了近一年的时间。

首相玛格丽特·撒切尔及其政府决心破除工人组织的权力，推动大规模私有化和自由市场改革。他们从1972年和1974年矿工罢工的失败中吸取了教训，他们积累了煤炭库存，以便能够承受长期罢工，然后故意挑起罢工，在煤炭需求量低的春天而不是寒冷的冬天宣布关闭计划。矿工是英国组织最严密、最激进的工人团体，他们的失败标志着英国工人和雇主之间的权力平衡出现决定性转折。[10]

6日

1922年3月6日

墨西哥韦拉克鲁斯爆发了抗租浪潮。警方在最后一刻平息了这一行动，但抗议的消息传开，引发了整个城市的租户抗议。[11]

1974年3月6日

英国煤矿工人在接受了35%的薪酬提议后取消了为期四周的

罢工，这是一场致使保守党政府垮台的巨大胜利。[12]

⊹· 7日 ·⊹

1860年3月7日

在暴风雪和厚厚的积雪中，多达1000名罢工的鞋厂女工参加了在马萨诸塞州林恩举行的伟大女士游行（Great Ladies Procession）。与她们同行的是5000名罢工男工，他们两周前就罢工要求加薪，几天后女工加入罢工行列。尽管女性参与罢工引起了全国的关注和亚伯拉罕·林肯的支持，但男性未能支持女性的薪酬要求。他们担心如果罢工活动增加了女工的诉求，雇主可能不会听他们的。女性最终重返工作岗位，虽然一些男工最终获得了10%的加薪，但对大多数工人来说，罢工逐渐平息并以失败告终。[13]

1932年3月7日

在底特律福特反饥饿游行中发生了大屠杀。警察和福特保安人员向美国共产党失业委员会组织的示威活动开火，打死4名失业工人，打伤60人。[14]

⊹· 8日 ·⊹

1917年3月8日

成千上万的家庭主妇和女工不顾工会领导人关于保持冷静的呼吁，走上俄罗斯圣彼得堡街头抗议高物价和饥饿，从而引发了二月革命。之所以被称作二月革命，是因为当时俄罗斯使用的旧式日历上的日期是1917年2月23日。第二天，20万名工人加入了她们，罢工并高喊反对沙皇和战争的口号。一些军队也加入工人队伍。3月15日，沙皇尼古拉二世被迫退位。

俄罗斯妇女在圣彼得堡举行示威（俄罗斯国家政治历史博物馆 / 维基共享资源提供）

1918 年 3 月 8 日

奥地利妇女首次在这一天庆祝国际妇女节，数千人走上街头抗议第一次世界大战。[15]

1926 年 3 月 8 日

纽约国际毛皮和皮革工人工会（IFLWU）的约 600 名主要由女工组成的罢工者在游行穿过曼哈顿时遭到警察殴打，警察声称罢工者发出的嘘嘘声和嘶嘶声“侮辱”了他们。《纽约时报》（*New York Time*）报道称，“警棍被随意使用”来驱散工人。工人们并没有被吓倒，罢工持续了 18 周，直到雇主协会同意加薪 10% 和每周工作 5 天共 40 小时。[16]

9 日

1883 年 3 月 9 日

巴黎一场大规模的失业者示威游行被警察驱散。由前巴黎公社成员路易丝 · 米歇尔率领的人群挥舞着黑旗，抢劫面包店并与警察发生冲突。米歇尔和游行活动的联合组织者、工团成员埃米尔 · 普吉后来分别被判处 6 年和 8 年有期徒刑。

工团主义是当时法国工人运动中一股有影响力的潮流，它是革命工会主义的理论和实践，工人们组织起来，为现在的进步而斗争，最终号召大罢工，为工人而不是资本家的利益重组社会。[17]

1910年3月9日

宾夕法尼亚州威斯特摩兰县的1.5万名主要由斯洛伐克移民组成的煤矿工人罢工。罢工者关闭了65座矿山一年多，直到警察的暴力镇压导致16人死亡，最终迫使他们屈服。[18]

10日

1906年3月10日

法国发生了库里埃矿难。这是20世纪最严重的矿难，1060名工人死于粉尘爆炸。4.5万名矿工随后举行了为期55天的罢工，抗议恶劣的工作条件，直到被政府动员的军队镇压。[19]

11日

1845年3月11日

在新西兰（奥特亚罗瓦）爆发科罗雷卡战役。在弗拉格斯塔夫战争期间，毛利人叛军击败英国军队，占领了该镇（现在称为拉塞尔）。次年年初，冲突以僵局告终。[20]

霍恩赫克在科罗雷卡的弗拉格斯塔夫山砍下英国国旗的画作（阿瑟·大卫·麦科马克创作，维基共享资源提供）

1977年3月11日

警察在意大利博洛尼亚开枪打死了24岁的弗朗西斯科·洛鲁索。他是极左议会外团体“持续斗争”（Lotta

Continua）的活动家。他被杀害的事件引发了两天的严重骚乱，内政部长派装甲车进入大学区和城市周围的其他冲突中心。[21]

✧· 12日 ·✧

1912年3月12日

马萨诸塞州劳伦斯市的2万名制衣女工举行了面包和玫瑰花罢工。罢工由波兰妇女发起，并由世界产业工人联盟组织。工人们顶住了警察和军队的野蛮镇压，但至少有2名工人被害，还有许多人遭到殴打和监禁，最终为整个服装行业赢得了巨大的让步。[22]

1951年3月12日

在一场反对运输价格上涨的运动取得成功之后，30万名工人参加了巴塞罗那和附近城市的大罢工，抗议佛朗哥独裁统治。尽管政府动员了数千名警察和国民警卫队，但罢工仍坚持了两周。政府害怕进一步的动乱，释放了绝大多数被捕者，并向参加罢工的工人支付了全额工资。[23]

✧· 13日 ·✧

1940年3月13日

印度革命家乌达姆·辛格在伦敦的一次会议上暗杀了旁遮普省前副省长迈克尔·奥德怀尔。这次暗杀是对1919年贾利安瓦拉巴格大屠杀（也称为阿姆利则大屠杀）的报复。大屠杀是奥德怀尔出动军队袭击和平抗议活动的结果，造成约1800人死亡、1200多人受伤，奥德怀尔将这些事件称为“正确的行动”。[24]

1945年3月13日

两个工人姐妹维拉和利伯拉·阿杜伊诺在意大利被法西斯分

子处决。她们的父亲、一名房客和一些邻居也一同被处决。该地区的工厂工人派代表团参加了他们的葬礼，并在葬礼进行期间举行罢工。[25]

14日

1970年3月14日

两名水手阿尔文·格拉特科夫斯基和克莱德·麦凯发动叛乱以抗议战争。他们控制了为驻越美军运送了万吨凝固汽油弹的哥伦比亚鹰号（SS Columbia Eagle），将这艘船驶向当时处于中立的柬埔寨，以防止货物被使用。最初，他们似乎成功了，因为柬埔寨政府同意了他们的要求并给予他们庇护。但不幸的是，仅仅几天后，柬埔寨就发生了军事政变，一个亲美的新政府掌权。

阿尔文·格拉特科夫斯基（阿尔文·格拉特科夫斯基提供）

格拉特科夫斯基和麦凯被关起来，而哥伦比亚鹰号也交还给了美军。麦凯设法越狱并加入了农村的红色高棉游击队，游击队后来杀了他。格拉特科夫斯基最终返回美国并被判十年监禁。[26]

15日

1908年3月15日

纽约州罗切斯特《民主党纪事报》（*Democrat and Chronicle*）以《女性无政府主义者已经成为世界警察眼中的恐怖分子》为标题遣

责无政府主义女性。文章接着写道："当统治者被击倒时，世界的守护者几乎总是会发现一名女性牵扯其中。情绪激动的女性会失去恐惧感。"[27]

1917 年 3 月 15 日

随着二月革命席卷俄罗斯，沙皇尼古拉二世退位。这场战争造成俄罗斯帝国超过 300 万人死亡，农村劳动力短缺，严重影响了该国的粮食供应，进而导致大面积的饥荒。[28]

16 日

1965 年 3 月 16 日

亚拉巴马州蒙哥马利的骑警暴力袭击了一场和平的民权示威。手持棍棒和藤条的警察冲进了 600 人的示威队伍中并殴打了他们，导致 8 人住院。第二天，走上街头的抗议者人数增加了一倍。[29]

1979 年 3 月 16 日

爱尔兰都柏林最早开设的两家麦当劳餐厅的工人举行罢工，要求获得更高的工资和工会的认可。尽管法院发布罢工禁令，麦当劳也用免费薯条贿赂工贼，但罢工者仍坚持了 6 个月并赢得了包括加薪 24% 在内的让步，然而，麦当劳继续通过减少工作时间来抵消加薪等方式虐待工人。虽然这些工人是爱尔兰运输和普通工人工会（TGWU）的成员，但麦当劳的行径却并未遭到来自该工会的打击。[30]

17 日

1876 年 3 月 17 日

美军在保德河战役中袭击了蒙大拿州正在熟睡中的夏延族和奥格拉苏族人。这标志着伟大苏族战争（Great Sioux War）的开始。

美军摧毁并洗劫了村庄，发射了近 2000 发子弹，但只造成 1 人伤亡。而夏延族和苏族战士仅用了约 200 发子弹就打死了 4 名美军士兵，重伤了 6 人，并于翌日早晨抢回了他们的 500 匹马。

美军指挥官约瑟夫·雷诺兹上校在袭击失败后被军事法庭审判并停职。这一事件可能激起了对于强迫印第安人从布莱克山迁移到保留地的反抗。[31]

1920 年 3 月 17 日

旨在逆转 1918 年德国革命以来变革的右翼卡普政变失败。1200 万名工人大罢工让国家彻底瘫痪，这也是德国历史上规模最大的一次罢工。阿道夫·希特勒飞往柏林协助政变，但在机场遭遇罢工人群，不得不乔装以免被认出。[32]

政变期间柏林海军旅（邦德萨尔乔夫提供）

18日

1871年3月18日

巴黎公社成立，这是工人阶级起义创建社会主义的第一次尝试。巴黎的工人们在哗变的国民警卫队的加入下占领了这座城市，并开始在工人委员会的基础上重组社会。公社一直坚持到1871年5月底。

巴黎公社路障（维基共享资源提供）

1911年的同一天，也就是巴黎公社成立40周年时，为了宣传妇女权利和选举权的必要性，欧洲举办了第一届国际妇女节。国际妇女节的日期后来调整为3月8日。[33]

1970年3月18日

来自多个女权主义团体的活动人士在纽约《女性家庭杂志》（*Ladies' Home Journal*）总部静坐示威。他们对该杂志在管理层面缺乏女性代表（整个高级职员都是男性）及在广告和专栏中对女性的描述感到不满。静坐于当天结束，编辑部同意了他们的一些要求，并在杂志上为女权主义活动人士开设自己的专栏。[34]

⊹· 19 日 ·⊹

2019 年 3 月 19 日

受 15 岁的瑞典自闭症患者格蕾塔·桑伯格的启发，128 个国家的 2000 多个城镇的 140 万名年轻人走出教室，走上街头举行罢课，要求政府采取行动阻止气候变化。上一年的 8 月，桑伯格独自一人走出学校罢课。

格蕾塔·桑伯格在瑞典议会大楼外。她的标语上写着“为气候罢课”（安德斯·赫尔伯格提供）

接下来的两周，桑伯格没去上课，而是站在瑞典议会大楼外抗议，并分发传单，上面写着：“我这么做是因为你们这些大人在对我的未来指手画脚。”随后在国际范围内又发生了更多学生罢课事件。[35]

⊹· 20 日 ·⊹

1927 年 3 月 20 日

在印度马哈德的科拉巴贱民阶层会议期间，爆发了马哈德非暴力运动（Mahad Satyagraha）。由达利特社会改革者安贝德卡领导的 2500 名达利特人（有时被称为“贱民”）的游行队伍穿过马哈德的主要街道，走向一个公共水塘，声称他们像社区其他成员一样具有使用水塘的权利。

虽然从法律上讲，所有种姓的人都有权使用公共设施，但事实并非如此。因此，作为抗议安贝德卡和其他人喝了水塘里的水之后离开。作为对这次和平抗议的回应，一群印度种姓教徒在会议结束时袭击了达利特人。他们被殴打，家园被洗劫，粮食供应链被破坏，许多人在穆斯林的家中寻求庇护。婆罗门（印度教的最高种姓）随后感到有必要“净化”这个现在“被污染”的水塘，他们将数十桶牛的粪尿、牛奶、凝乳和酥油的混合物倒入其中。

这次包括罢工和达利特退伍军人为达利特儿童建立学校在内的直接行动是四年组织工作的高潮。同年 12 月，1 万名达利特人参加了第二次马哈德非暴力运动。1955 年的印度宪法宣布“贱民”称呼为非法，但对达利特人根深蒂固的歧视仍在继续。[36]

1975 年 3 月 20 日

阿根廷巴拉那州红蛇行动（Operation Red Snake）开始。伊莎贝尔·庇隆政府派遣数百名警察和军队进入维拉·康斯蒂图西翁镇，试图瓦解激进的产业工人组织。他们逮捕了 307 名工人，但工人们进行了反击，举行罢工并占领了工厂，要求释放被拘留者。占领一直持续到 3 月 26 日，直到他们被警察强行驱散。

这种在军事独裁统治下的镇压是众所周知的，但在得到大多数工会支持的佩隆的统治下，镇压则要少得多。[37]

21 日

1937 年 3 月 21 日

在波多黎各庞塞的一场和平示威中，警察杀害了 19 人，打伤了数百人。抗议者游行示威，要求释放被监禁的分离主义领导人佩德罗·阿尔比祖·坎波斯。警方听从由美国任命的州长的命令采取行动，并在谋杀案发生后与一名摄影记者摆拍，声称是出于自卫。[38]

1973 年 3 月 21 日

一小群精神病患者及其支持者在伦敦成立了精神病患者联盟（Mental Patients Union）。他们认为，精神病学是资本主义制度下控制工人阶级的一种形式，精神病患者要像工人那样组织起来，为增进自身利益而斗争。[39]

22 日

1986 年 3 月 22 日

来自菲律宾美军基地的数千名罢工者封锁了马尼拉附近美国海军和空军基地的大门。许多地方也发生了暴力事件，2 万多名罢工工人为了争取更多的遣散费而设置路障，并与试图越过警戒线的美军服务人员发生冲突。[40]

2009 年 3 月 22 日

在激进囚犯卡特琳娜·古利奥尼于 3 月 18 日去世后，希腊发生了监狱骚乱。底比斯女子监狱的囚犯拒绝返回牢房，放火并破坏财产，监狱外的抗议者与防暴警察发生了冲突。雅典的 200 名囚犯也举行了声援抗议的活动。

古利奥尼的狱友向媒体发出了以下告别声明："你的一生充满了渴望，对斗争和正义的渴望，你为一切而战，不顾后果。但是最后，你斗争的结果以最糟糕的方式回报了你——暴力、意外和突然地死亡。但我们仍然在这里，卡特琳娜，我们将铭记你并继续你开始的斗争。你无处不在，我们能感觉到你，并且对你的照顾表示感谢。对我们来说，你将永生。祝你旅途愉快！"[41]

23日

1931年3月23日

印度革命社会主义者巴加特·辛格、苏赫德夫·塔帕尔和希瓦拉姆·拉古鲁在现在的巴基斯坦旁遮普被英国殖民当局处决。他们于1928年为报复警方在反殖民示威中杀害一名英国高级警官拉拉·拉巴特·雷，因此被判处死刑。他们反对的是英国殖民主义，而不是狭隘的民族主义，他们主张工人阶级革命的同时反对英国和印度的资本家。[42]

巴加特·辛格（维基共享资源提供）

1944年3月23日

在罗马的拉塞拉大街，意大利游击队对纳粹占领军发动最重大的袭击。十几名共产党领导的党派爱国行动组织（GAP）游击队员袭击了一个由150多名德国人组成的专门与抵抗组织作战的党卫军连队。

游击队引爆了一枚自制炸弹，随即用迫击炮、手榴弹和枪支开火，然后消失了。游击队没有人员伤亡，但党卫军有30多人被杀，100多人受伤。[43]

24日

1976年3月24日

美国支持的阿根廷右翼发动政变，推翻了民粹主义者伊莎贝尔·庇隆。美国国务卿亨利·基辛格建议军政府尽快消灭反对者，以免抗议侵犯人权的呼声加剧。[44]

1987年3月24日

新成立的艾滋病权利直接行动组织ACT UP的250名成员在纽约市的华尔街举行示威，要求获得更多的治疗机会，并要求采取全国性行动抗击艾滋病，17名参与者被捕。[45]

25日

1911年3月25日

纽约三角衬衫厂大火造成147名工人死亡。受害者大多是在血汗工厂工作的13—23岁的女工。一些人被烧死，另一些人被踩踏致死，他们拼命试图通过楼梯逃生，但楼梯口被以防止"影响工作"的理由非法上锁，50人为躲避大火从高楼跳下摔死。公司老板们被指控犯有七项过失杀人罪，但最终被判无罪。[46]

1969年3月25日

巴基斯坦独裁者穆罕默德·阿尤布·汗将军在上一年10月开始的针对其政权的大规模抗议活动后辞职。起初，政府暴力镇压学生抗议活动，但这引发了更多的抗议。在农村，农民杀害了地主和警察，与此同时，在城市，产业工人组织了纠察队围困工厂。第二年，巴基斯坦举行了历史上首次选举。[47]

26日

1953年3月26日

在肯尼亚抗击英国殖民主义的茅茅游击队袭击了奈瓦沙警察局。他们从邻近的拘留营救出了173名囚犯，其中许多是茅茅党成员。虽然起义最终被英国军队镇压，但几年后肯尼亚实现了独立。[48]

1978年3月26日

在日本成田国际机场启用的四天前，对机场建设感到愤怒的抗议者用燃烧弹摧毁了机场的控制塔，使机场的启用推迟了近两个月。[49]

·27日·

1942年3月27日

法国维希政府颁布了理发店法令，要求理发师收集剪下的头发，并将其捐赠给战争，以生产拖鞋和毛衣。叛逆的扎祖斯拒绝理发，留起了长发。扎祖斯是一群反法西斯的年轻人，他们穿着得体的西装，听主要由黑人音乐家演奏的爵士乐和摇摆乐，在街头与法西斯分子作战。警察将他们围捕起来，维希法西斯青年组织追捕他们并剪掉了他们的头发。[50]

·28日·

1919年3月28日

阿肯色州与美国其他大多数州一道，出台了一项禁止无政府主义和共产主义的法律。这项法律旨在“定义和惩罚无政府状态和布尔什维克主义”，禁止“企图推翻阿肯色州或美国现行政府”和“展示任何旨在推翻现行政府的旗帜”等行为，违反规定将面临最高1000美元的罚款和最长6个月的监禁。[51]

1977年3月28日

亚特兰大1300多名以黑人为主的环卫工人罢工，要求每小时加薪50美分。该市第一位黑人市长是在民权运动和黑人权力运动的支持下上台的，工人们向他寻求支持，但在包括老马丁·路德·金（不要与小马丁·路德·金混淆）等民权领袖的支持下，市长将环卫工人全部解雇。这是一个早期的教训，即有色人种的代表并不一定对有色人种的工人阶级有利。[52]

29 日

1986 年 3 月 29 日

反法西斯主义者听说荷兰小镇凯迪希姆将召开一场秘密会议，以统一中央党和中央民主党两个法西斯政党。抗议者向会议所在的酒店投掷烟幕弹，意外点燃了窗帘。几分钟后，这座建筑起火，迫使法西斯分子逃到外面的之前已经开始的骚乱中，拟议的两党合并没有实现。[53]

1988 年 3 月 29 日

菲律宾 50 万名工人举行大罢工，要求全面提高工资。[54]

30 日

1919 年 3 月 30 日

德兰士瓦原住民大会（Transvaal Native Congress）发起了一场反对南非种族主义通行证法的运动。通行证法是一种旨在隔离人口的内部护照制度。这场运动持续了 3 个月，约 700 名非洲人被捕并受到指控。于是运动中的保守派重新集结并停止了竞选活动，采取了更温和的方式。这些法律几十年来都没有被推翻。[55]

1976 年 3 月 30 日

巴勒斯坦 / 以色列发起了大罢工和大规模抗议活动，反对以色列政府在加利利大量征用阿拉伯人的土地以建造犹太人定居点和军事设施。黎巴嫩的大多数巴勒斯坦难民营都举行了活动声援罢工。

在与安全部队的广泛冲突中，6 名手无寸铁的示威者被警察和军队开枪打死，约 100 人受伤，数百人被捕。

对镇压的抗议和愤怒激起了该地区巴勒斯坦 – 阿拉伯人的团结意识，激起了巴勒斯坦民族权力斗争的浪潮。

虽然征用计划成功地将加利利的阿拉伯人口占比从 92% 减少到 72%，但该地区的大量土地征用在 20 世纪 80 年代基本停止。如今，每年 3 月 30 日被定为巴勒斯坦 / 以色列的土地日，在这一天会举行示威和大罢工。[56]

31 日

2009 年 3 月 31 日

法国格勒诺布尔的卡特彼勒工厂的大约 40 名工人冲进老板的办公室，将其中 4 人劫为人质，要求为 700 多名被解雇的法国卡特彼勒工人提供更多的遣散费。该行动取得了成功，公司将其裁员补偿金增加了 150 万欧元（约合 210 万美元），被解雇工人的平均遣散费为 8 万欧元（约合 11.1 万美元）。[57]

4月

⊹· 1日 ·⊹

1649年4月1日

一位名叫杰拉德·温斯坦利的农民作家和一个由三四十人组成的小团体一起占领了英格兰萨里的圣乔治山，并开始集体耕种土地。在接下来的几个月里，许多当地人加入了他们，组成了后来被称为“挖掘者”（Diggers）的运动。

温斯坦利是一名新教徒，他撰写了一本小册子批评传统上认为“上帝在天上的天堂里”的教会，他认为上帝是“你内心的灵魂”。在1649年1月出版的一本小册子中，他写道：“起初，上帝创造世界的时候，并没有说应该由一部分人统治另一部分人，但自私的想象力确实造就一个人去教导和统治另一个人。”[1]

⊹· 2日 ·⊹

1920年4月2日

军队开始对德国鲁尔地区的工人游行起义发动袭击。社会民主党政府派遣军队镇压难以控制的工人，尽管事实上这些军队包含了几天前支持并参与卡普政变的原法西斯势力。至少1000名起义参与者在战斗中被屠杀。[2]

1980 年 4 月 2 日

英国布里斯托的数百名黑人居民在警察突击搜查了该镇唯一仍在营业的黑人拥有的咖啡馆后，对警察的骚扰进行了反击。骚乱开始时，数百名布里斯托的白人也加入了他们的行列。[3]

3 日

1948 年 4 月 3 日

韩国济州岛发生左翼起义。“二战”结束后，济州岛在很大程度上实现了自治，朝鲜半岛在日本战败后被苏联和美国分为南北两部分。济州岛民袭击了警察局和右翼准军事组织，特别是针对那些与日本帝国主义勾结的人。

美国军政府向该岛派遣了部队，美国支持的韩国当局残酷镇压了叛乱，屠杀了包括妇女和儿童在内的数千人。次年起义最终被镇压，造成岛上 10% 的人口死亡，70% 的村庄被摧毁。随后美国支持的韩国独裁政权禁止任何人提及济州岛起义事件，违反者会受到殴打、酷刑和长期监禁。[4]

1974 年 4 月 3 日

伦敦布里克斯顿学校的 1000 名学生（其中大多数是黑人）举行罢课，以支持在警察袭击布罗克韦尔公园的人群后被判入狱的 3 名黑人青年。学生们举行了集会和游行，游行队伍经过当地法院、警察局、塔尔斯山学校（另有 100 名学生加入了他们的行列）和布罗克韦尔公园。[5]

4日

1935年4月4日

德国反纳粹活动人士多拉·法比安和玛蒂尔德·沃姆的尸体在他们伦敦的公寓中被发现，他们死于中毒。该公寓此前两次被盗，他们还收到过威胁信。虽然许多历史学家认为他们很可能是被谋杀的，但调查宣布最有可能的死因是结伴自杀。当时，英国政府和媒体大多是绥靖派或希特勒的支持者，这些人急于平息此案并转移焦点。[6]

1968年4月4日

马丁·路德·金在华盛顿特区（美国国家档案馆提供）

民权活动家、社会主义者和非暴力倡导者马丁·路德·金在孟菲斯支持黑人环卫工人罢工时被暗杀，这是越南战争期间美国各地罢工浪潮的一部分。金的思想在几年前变得越来越激进，除了反对种族主义，他还开始反对越南等地的美帝国主义以及资本主义本身。他开始组织一场“穷人运动”，旨在团结所有种族的工人阶级和穷人。

尽管金现在受到建制派人士的广泛赞誉，但当时他受到了富人、有权势的人以及大多数美国白人的憎恨。在媒体负面报道的推动下，只有 22% 的美国人支持旨在废除公共交通种族隔离的“自由乘车运动”，63% 的美国人并不支持金。

联邦调查局（FBI）国内情报局长威廉·沙利文称，他是“从共产主义、黑人和国家安全的角度来看，这个国家未来最危险的黑人”。他后来给金寄了一封匿名信，企图胁迫他自杀。

金被谋杀让许多人对和平主义感到失望，美国各地爆发骚乱。[7]

5日

1932 年 4 月 5 日

在纽芬兰，1 万人在中央政府大楼外示威，抗议物价上涨和养老金削减。警察袭击了示威者，一名警官被拉下马并遭到殴打，愤怒的人群捣毁建筑物，放火焚烧，并冲进大楼寻找总理。一群警察和神父试图将总理带到安全的地方，但他几次被逼入角落，脸上挨了一拳后，才得以成功逃脱。[8]

1971 年 4 月 5 日

斯里兰卡（当时称为锡兰）爆发了一场起义，激进分子袭击了全国各地的警察局。叛乱分子大多是由人民解放阵线（JVP）组织的年轻人。他们此前曾支持统一战线政府，其中包括兰卡·萨马·萨马亚兰卡平等社会党（LSSP）。国际左翼对统一战线的当选表示热烈欢迎，他们认为这是“反帝国主义”的胜利。[9]

6日

1871 年 4 月 6 日

巴黎公社第 137 营的起义国民警卫队夺取了当地的断头台，将其砸成碎片，并在第 11 区的市政厅外将其烧毁，引起了围观群众的热烈掌声。

政府最近发明了一种新型断头台，这种断头台运输更快、更方便。区公社委员会投票决定要夺取这些“君主主义者统治奴仆的工具”并“一劳永逸地摧毁它们，作为这个地区的净化和新的自由的献祭”。[10]

1968年4月6日

就在马丁·路德·金被暗杀两天后，17岁的黑豹党人小鲍比·赫顿在加利福尼亚州奥克兰被警方杀害。赫顿是黑豹党的一个新兵，在与警方发生枪战后，他放下武器，脱下衬衫，从藏身的地下室走出来，光着上身，举着双手投降了。有人建议他赤身裸体投降，但他觉得尴尬，没脱裤子。警察至少向他开了10枪，将其击毙。六天后，1000多人参加了他的葬礼，演员马龙·白兰度在葬礼上致了悼词。他的遇害促进了黑豹党的迅猛发展。[11]

7日

1926年4月7日

49岁的爱尔兰贵族和和平活动家维奥莱特·吉布森试图在罗马暗杀意大利法西斯独裁者贝尼托·墨索里尼。吉布森带着一把裹在披肩里的手枪和一块石头。当她朝墨索里尼的头部开枪时，墨索里尼移动了一下，子弹击中了他的鼻子，穿过了他的两个鼻孔。她再试图开枪射击，但枪没响。

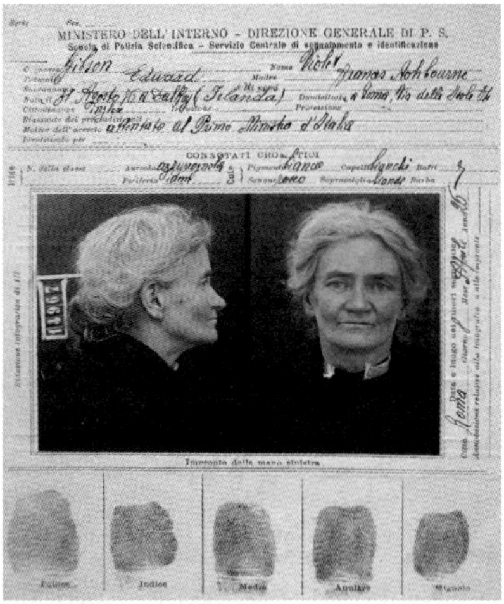

维奥莱特·吉布森的警方记录（意大利内政部/维基百科提供）

在被警方逮捕之前，吉布森被一群愤怒的暴民暴力殴打险些致死。

吉布森试图通过使医生确信她患有精神病来获得释放。虽然她的谈话和通信清晰而理性，但她因为没要孩子而被判定为心理异常。之前的一次自杀企图，以及她对法西斯囚犯的暴力反应，都让她被视为“精神失常”。她被驱逐到英国，在精神病院度过了余生。她去世时，没有人参加她的葬礼。[12]

2010 年 4 月 7 日

丹麦哥本哈根嘉士伯工厂的 800 名工人罢工，抗议一项限制在上班时间喝啤酒的新管理政策。该公司的卡车司机加入罢工，以示同情。前一周，嘉士伯已从工厂车间拆除了免费供工人全天饮用啤酒的冷却器，并宣布工人只能午餐时间在餐厅喝啤酒。罢工持续了五天，但以失败告终。接下来的一个月，工人们再次罢工，这次是为了加薪。[13]

8日

1929 年 4 月 8 日

社会主义反殖民革命人士巴加特·辛格和他的同伴巴图克什瓦尔·杜特向德里中央立法议会（Delhi Central Legislative Assembly）投掷了两枚炸弹，他们高喊“革命万岁”并散发传单，抗议议会通过两项压制性法案。他们的传单散落在议会的地上，开头写着这样一句话：“只有大声才能让聋人听到。”虽然为了避免造成伤害，炸弹被投掷到了没有人的地方，但这两人仍被处以无期徒刑的严厉惩罚。[14]

1958 年 4 月 8 日

巴巴多斯两个相邻种植园的甘蔗工人要求每吨甘蔗加薪 15 美

分，否则拒绝砍伐甘蔗。在被告知他们只能获得每吨 6 美分的加薪后，甘蔗砍伐工人们离开岗位，引发了 1958 年的糖业工人自发罢工。这场罢工蔓延到了全国几十个种植园。[15]

9 日

1945 年 4 月 9 日

试图单枪匹马刺杀希特勒的工厂工人、民间音乐家格奥尔格·埃尔瑟在达豪集中营被杀害。

几年前，当埃尔瑟在一家兵器工厂及随后在一家采石场工作时，他逐渐积累了一批偷来的炸药。1939 年，他把这些炸药藏在慕尼黑的一家酒吧里，他知道希特勒每年 11 月 8 日和 9 日都会去那里庆祝 1923 年的纳粹政变。不巧的是，当天希特勒提前离开，炸弹在他离开几分钟后爆炸，炸死了 6 名纳粹高级官员，还炸死了一名女服务员。埃尔瑟后来被捕并遭受酷刑，但他坚称自己是单独行动，除了一名已经死亡的共产党员外，他拒绝透露任何其他人的姓名。他被送往集中营，在集中营解放前几天，党卫军领袖海因里希·希姆莱下令将他杀害。[16]

10 日

1919 年 4 月 10 日

在墨西哥革命期间，一位名叫埃米利亚诺·萨帕塔的农民领袖在阿亚拉市的奇纳梅卡被“革命的”维努斯蒂亚诺·卡兰扎政府的巴勃罗·冈萨雷斯将军暗杀。

早年，萨帕塔就开始为莫雷洛斯土著人民争取权利。当他看到富有的地主不断窃取土著人的土地而政府对此没有回应时，他开始参与武装占领土地运动。

随着1910年革命的爆发，萨帕塔成为南方解放军（Liberation Army of the South）的领导人。这是一支为“土地与自由”而战的农民军队，“土地和自由”是墨西哥无政府主义者里卡多·弗洛雷斯·马贡的口号。

当弗朗西斯科·马德罗于1911年掌权时，萨帕塔谴责他背叛了革命，并起草了“阿亚拉计划”（Plan of Ayala），这是一项激进的土地改革计划。马德罗本人随后被反革命的维多利亚诺·韦尔塔推翻。

萨帕塔的南方军队与北方的革命军结盟，由潘乔·维拉和维努斯蒂亚诺·卡兰扎领导。他们很快推翻了韦尔塔政权，并召开大会组建新政府，萨帕塔拒绝参加。

卡兰扎掌权后只实施了温和的改革，与“阿亚拉计划”相去甚远，因此萨帕塔党人继续战斗。卡兰扎悬赏萨帕塔的人头，希望他自己的战士会背叛他，但他们都没有。最后，萨帕塔被引诱与卡兰扎手下的一名假装有意叛变的男子会面。当萨帕塔到达会场时，他被子弹打得千疮百孔，他的尸体也被拍照用于宣传。

直到今天，萨帕塔仍然是一个民族英雄，恰帕斯州的土著反抗分子于1994年起义并创建了一个以他的名字命名的自治领土。[17]

1932年4月10日

在苏联的特伊科沃，数千名主要是女性的工厂工人参加了一场反对削减口粮的罢工。工人们抱怨说，口粮减少30%到50%会让他们挨饿，而管理人员、共产党员和秘密警察官员则能够得到充足的食物。妇女们呼吁同事们加入他们的行列，破坏机器，并谴责那些拒绝罢工的人是“叛徒”。他们在城镇周围集结，在城镇广场上集会发表演讲，并将一名谴责罢工的共产党员拖下讲台。第二天早上，只有130名工人上班。秘密警察逮捕了很多人，4月17日，罢工结束。虽然女工们都没有被起诉，但几名积极参与罢工的男性或被流放，或判处在劳改营服刑三年。[18]

✧ 11日 ✧

1972年4月11日

魁北克省20多万名公共部门雇员参加了大罢工，这使得该省陷入停摆。尽管政府试图镇压事端，但引起更多的人参与罢工，30多万人参加了自发组织的罢工浪潮，工厂被占领，甚至还有一家电台被罢工者接管并对外广播。[19]

✧ 12日 ✧

1920年4月12日

爱尔兰工人发起大罢工，以支持在都柏林蒙乔伊监狱通过绝食抗议来支持独立的囚犯。邮政服务、公共交通、商店、酒吧和公共厕所都关闭了。两天后，英国政府屈服，释放了所有囚犯。[20]

✧ 13日 ✧

1916年4月13日

格拉斯哥市政当局（Glasgow Corporation），即当时的格拉斯哥市议会，出台了一项限制自由集会权利的条例。这项法律于1922年生效，目的是防止工人阶级和激进派在格拉斯哥绿地公园集会，引发了一场关于言论自由的斗争。在接下来的十年里，人们组织了抗议活动，无视法律举行集会，发言者被逮捕和监禁，多达10万人与警察搏斗、发起骚乱、抢劫商店，直到该项法律被推翻。[21]

1919年4月13日

印度阿姆利则发生了贾利安瓦拉·巴格大屠杀。当时的英国军队向以锡克教朝圣者为主的人群开火，造成上千人死亡，多人受伤。除了朝圣者外，被杀害的还有大量穆斯林和印度教徒。直到12月，英国才报道了这起杀人事件，而且没有人被指控犯有任何罪行。这一事件引发了广泛的愤怒，并导致了次年开始的不合作运动。[22]

14日

1816年4月14日

巴巴多斯在周日复活节晚上爆发了一场奴隶起义，这次起义以其领导人的名字命名，称为布萨起义。这是该岛最大的非洲奴隶起义。

奴隶们利用暂时的工作自由，和复活节庆祝活动允许的集会为掩护组织起来。他们在每个甘蔗种植园选举了一名领袖，并得到3名自由黑人的协助，他们四处奔走，与起义者会面。

起义始于圣菲利普的甘蔗地被烧毁，很快，就有400多名在其他70多个庄园工作的人加入起义队伍。英国殖民当局第二天宣布戒严，并迅速镇压了起义。虽然据报道只有2名白人被杀，但在镇压期间有120名奴隶被杀害，144人被处决，132人被驱逐出境。[23]

1919年4月14日

在爱尔兰利默瑞克，人们号召举行大罢工，抗议英国在该地区建立“特别军事区”。大罢工见证了短命的利默瑞克苏维埃的建立，当时这座城市被工人接管。[24]

⊹· 15日 ·⊹

1916年4月15日

世界产业工人联盟在其报纸上宣布在科罗拉多州丹佛成立家政工人工会（Domestic Workers Union in Denver）。1917年，该组织的一位活动人士简·斯特里特给俄克拉何马州塔尔萨的另一位家政工人组织者写了一封信，其中描述了他们如何组织并采取行动来改善薪酬和条件：

> 如果你想将工作报酬从20美元提高到30美元。你可以让十几个即使根本不想接工作的女孩面试工作招聘广告，并要求她们向老板索要30美元的薪资。或者打电话给那位女士，告诉她你会以20美元的价格接受这个职位。这样她第二天就不会再刊登广告了。但是你不要去。第二天再打电话要25美元，然后答应去（但不要去）。第三天，她会说："出来吧，我们商量一下。"你不仅可以获得工资，还能缩短工作时间，减轻劳动负担。[25]

⊹· 16日 ·⊹

1970年4月16日

底特律克莱斯勒工厂的一名白人工头威胁要杀死一名黑人工人。当这名黑人工人投诉时，克莱斯勒公司声称其持刀进而采取措施解雇了该名工人。大约1000名工人（包括白人和黑人）举行罢工以示抗议，关闭工厂一整个周末，直到管理层让步。[26]

1979年4月16日

尼加拉瓜革命者伊达尼亚·费尔南德斯被一名告密者出卖，在拘留期间被美国支持的阿纳斯塔西奥·索莫扎·德巴伊莱独裁政权的军队杀害。她的死激起了更多人的抵抗，不到一个月，德巴伊莱政权就被推翻了。[27]

✧· 17日 ·✧

1920年4月17日

为缓解都柏林严重的粮食短缺问题，都柏林的码头工人拒绝装载运往英国的食品。自1917年以来，都柏林一直处于严重的粮食短缺状态，黄油、鸡蛋和糖等主要食品几乎无法供应，但同时大量的食物又被运往英国。[28]

1976年4月17日

极右翼国民阵线（National Front）在英格兰北部布拉德福德的亚洲人聚集区组织了一次游行。当地政界人士在市中心组织了一场反集会活动，但数百名亚裔青年挣脱出来，冲破警戒线，并袭击了种族主义者。许多年轻人都是布拉德福德亚洲青年运动（Bradford Asian Youth Movement）的成员。该运动是一个由南亚裔人士组成的组织，他们反对种族主义，在街头与法西斯分子作战，支持工人和反殖民主义斗争，并组织支持移民家庭的运动。[29]

✧· 18日 ·✧

2001年4月18日

阿尔及利亚卡比利亚的警察杀害了一个名叫马西尼萨的年轻人，引发了一场后来被称为“黑色春天”（Black Spring）的全国性起义。马西尼萨被杀之后，全国各地爆发抗议和骚乱，要求阿马齐格人（也被称为柏柏尔人）享有民主权利和文化权利。警察杀死了120 多人，平息了叛乱。[30]

·19 日·

1960 年 4 月 19 日

韩国爆发四月革命（April Revolution）。在抗议学生遭到政府支持者袭击的第二天，首尔高丽大学的数千名学生游行反对美国支持的独裁统治。政府宣布戒严，但是运动愈演愈烈。接下来的一周，军队拒绝向抗议者开火。一天后，李承晚总统下台。[31]

·20 日·

1853 年 4 月 20 日

曾经是奴隶，后来成为废奴主义者的哈里特·塔布曼开始在地下铁路工作，将被奴役的人偷运到了自由之地。她亲自拯救了大约70 人，并帮助了更多人。[32]

哈里特·塔布曼（霍雷肖·西摩·斯奎耶摄影，维基共享资源提供）

1914 年 4 月 20 日

美国军队用机枪向科罗拉多州勒德洛一个罢工矿工及其家属居住的营地开火。

上一年 9 月，美国矿工联合会（UMWA）的一名活跃人士遇害后，数万名矿工组织了反对洛克菲勒家族旗下的科罗拉多燃料与钢铁公司的罢工。他们要求提高工作安全，并要求以现金支付工资，而不是只能在公司商店兑换的代币。

洛克菲勒家族将罢工矿工及其家人逐出家园，他们被迫建立了集体的“帐篷城”（Tent Cities），由矿工的妻子们帮助管理。公司雇佣暴徒骚扰罢工者，他们不时开车经过并用机关枪扫射营地，打死打伤工人及其子女。

最终，国民警卫队接到命令驱逐所有罢工营地，并于4月20日上午袭击了勒德洛最大的营地。他们用机枪向工人及其家人的帐篷开火，工人们还击。营地的主要组织者路易斯·蒂卡斯去拜访国民警卫队负责人协商休战事宜，但被打倒在地，背部中多枪身亡。当晚，军队进入营地并纵火，造成11名儿童和2名妇女死亡，另有13人在战斗中丧生。

全国各地爆发了反对大屠杀的抗议活动，但科罗拉多燃料与钢铁公司的工人已经被击败了，他们中的许多工人随后被解雇，取而代之的是非工会矿工。在罢工过程中，有66人死亡，但没有警卫或公司的暴徒被起诉。[33]

21日

1856年4月21日

澳大利亚墨尔本的石匠工人举行罢工，要求工作时间从周一至周五每天10小时和周六8小时减少到每天最多工作8小时。他们从墨尔本大学古老的四合院（Old Quadrangle）的建筑工地出发，挥舞着要求“8小时工作、8小时娱乐、8小时休息”的横幅，工人们很快就实现了他们的目标，这些为城市公共事业奋斗的工人也没有损失工资。他们在5月12日（星期一）圣灵降临节假期庆祝胜利，来自 19 个行业的近 700 人参加了游行。[34]

2007 年 4 月 21 日

150 名服装工人（其中大部分是女性）占领了埃及曼苏拉・埃斯帕尼亚纺织厂，抗议失业和拖欠工资。占领工厂 2 个月后，工人在裁员和欠薪等问题方面都赢得了管理层的让步。[35]

22 日

1944 年 4 月 22 日

200 名黑人（主要是霍华德大学的学生）在华盛顿特区一家名为汤普森的实行种族隔离的餐馆举行了静坐示威，在那里，吉姆・克劳法并不生效，但种族隔离的习俗依然存在。在付费顾客数量大幅减少后，这家餐厅被总部命令开始为非裔美国人提供服务。由于担心失去联邦拨款，该大学随后指示其学生停止直接行动，汤普森旋即恢复了种族隔离。

晚年的保利・默里（北卡罗来纳大学教堂山分校 / 维基共享资源提供）

该行动的主要组织者之一保利・默里是一位年轻的黑人活动家和女权主义者。

华盛顿特区于 1953 年禁止餐馆实行种族隔离。[36]

1993 年 4 月 22 日

英国黑人少年斯蒂芬・劳伦斯在埃尔瑟姆等公交车时遭到种族主义者的袭击而身亡。伦敦警察厅没有投入足够的警力来寻找凶手，而是秘密潜入劳伦斯争取正义的运动中，想方设法诋毁和抹黑这个家族。多年的正义活动迫使政府承认警方存在制度性种族主义，其中2名凶手于2012年被定罪。[37]

✣· 23日 ·✣

1951年4月23日

16岁的黑人女学生芭芭拉·约翰斯带领她的同学在弗吉尼亚州爱德华王子县的学校举行罢课，抗议该学校的种族主义和不符合标准的办学条件。这所学校发生的案件是最高法院审查的案例之一，最终最高法院宣布种族隔离违宪。当地学校董事会没有取消种族隔离，而是关闭了所有学校，当地白人儿童就读的私立学校直到1986年才废除种族隔离。[38]

1971年4月23日

近千名越战老兵将战斗勋章归还给政府。越战老兵原计划把勋章装在尸袋中归还，但当局在国会大厦周围竖起了围栏，因此老兵们将勋章从围栏上扔了过去。一些老兵在扔掉勋章之前，将勋章献给在战斗中阵亡的美国和越南战友。其中一名抗议者彼得·布兰尼根扔回勋章时指着国会大厦说："我在这里得到了一颗紫心勋章，我希望与这些混蛋战斗时能再得到一枚。"[39]

✣· 24日 ·✣

1912年4月24日

泰坦尼克号的姊妹船奥林匹克号上的284名消防员在启航前一天举行罢工，抗议刚刚安装的可折叠救生艇不适航，其中许多已经腐烂。老板们随后从南安普顿和利物浦请来了替代他们的非工会工人。第二天，罢工代表们见证了对可折叠救生艇的测试，当看到只有一艘有故障时，他们同意如果更换这艘就起航。

管理层试图让非工会工人继续工作，但船员们反对，54名水手离船以示抗议，迫使该船取消启航。所有抗议者都被逮捕并因叛乱受审，虽然被定罪，但没有人受到惩罚。老板担心公众会支持罢工者，就让他们重返工作岗位。这艘船及其抗议的船员于5月15日起航。[40]

1954年4月24日

肯尼亚内罗毕的英国殖民当局开始了“铁砧行动”（Operation Anvil），对城市中的基库尤人进行种族清洗。在主要由基库尤社区成员组成的茅茅运动的背景下，英国人相信他们可以摧毁这场由内罗毕领导的争取“土地与自由”运动。

在两周的时间内，军队一个街区一个街区地封锁了这座城市，绑架了基库尤人和相关的恩布和马鲁部落的所有成员。这些人被殖民当局盘问，然后根据他们对茅茅运动的支持程度分成几个小组。那些被认为更激进的人被送去接受审讯、折磨和拘留，而那些与茅茅运动无关的人则被驱逐到人满为患的“保护区”。

当这一切结束时，除了少数与欧洲雇主签订长期合同的工人外，该市几乎所有的基库尤人都消失了，2万人被送往“筛查”，3万人被送往“保护区”。被绑架的人只能拿走一袋财物，其余的都被英国军队洗劫一空。残酷的镇压非但没有平息起义，反而加剧了人们对殖民统治的反抗。[41]

25日

1974年4月25日

葡萄牙的法西斯独裁统治被一场军事政变推翻，随后发生了劳动阶层的起义。工厂和农场分别被城市工人和农场工人接管，这场起义因为很少有人开枪，人们给军队成员戴上了康乃馨，后来被称为康乃馨革命（Carnation Revolution）。[42]

2013 年 4 月 25 日

在拉纳广场大楼倒塌的第二天，数十万名孟加拉国服装工人走上街头，抗议大楼倒塌造成 1000 多名同事丧生。他们在高速公路上设置路障，与警察搏斗，并袭击工厂、商店和服装雇主联合会的总部。

虽然许多媒体将孟加拉国服装工人的恶劣工作条件归咎于购买廉价服装的工人阶级消费者。实际上，劳动力和工厂安全成本基本与消费者无关，欠发达国家的劳动力成本通常仅占一件服装成本的 1%—3%。据估计，如果使孟加拉国的每家制衣厂的工作条件都达到西方标准，每件服装的成本增加也不到 10 美分。然而，这些变化会降低雇主的利润率。[43]

26 日

1797 年 4 月 26 日

英国普利茅斯 15 艘皇家海军舰艇上的船员加入了两周前在朴次茅斯附近的斯皮特黑德开始的叛变，这些船员要求提高工资并改善工作条件。船员们选举代表并派他们会同其他反叛者参与同当局的谈判，这些人大部分的诉求得到了满足。[44]

1982 年 4 月 26 日

对布拉德福德 12 个人的审判在利兹刑事法院开庭。这 12 人是黑人青年联合会（United Black Youth League）的活动人士，因准备保护自己的社区免受法西斯袭击而以阴谋罪的名义被逮捕。审判持续了九周，辩方称，警方未能保护英国亚裔和非裔加勒比人免受种族主义袭击，这意味着这些社区有权自卫。这是一项具有里程碑意义的裁决，12 名被告均被无罪释放。[45]

27 日

1934 年 4 月 27 日

智利工人联合会（FOCH）位于智利圣地亚哥的总部遭到警察和代表老板利益的国民卫队的袭击。[46]

1981 年 4 月 27 日

9 名来自美国和加拿大的白人至上主义者被捕。这些种族主义者包括三 K 党成员和后来新纳粹网站“风暴前线”的创始人。他们计划在多米尼加这个 99% 的非白人国家建立白人独裁政权，并与实行种族隔离政策的南非进行贸易，这 9 人被判处了三年监禁。[47]

29 日

1992 年 4 月 29 日

被摄像机拍到殴打黑人罗德尼·金的警察被无罪释放后，洛杉矶爆发了 20 世纪 60 年代以来最大的城市骚乱。[48]

30 日

1963 年 4 月 30 日

一群加勒比海移民工人在英国布里斯托尔发起了一场巴士抵制运动，以抗议该市禁止黑人和亚裔从事公共交通领域工作的禁令。“肤色禁令”（*Color Bar*）是由运输和普通工人工会及国有的布里斯托综合公司（*Bristol Omnibus Company*）强制执行的，因为白人工会成员威胁说，如果雇用有色人种的工人，他们将退出工会。经过数月的抵制和大规模抗议，巴士工人在8月的一次群众会议上投票决定终止禁令。9月，巴士公司招聘了第一位有色人种公交车售票员。两年后，《种族关系法案》（*Race Relations Act*）出台，禁止在公共场所进行种族歧视。[49]

1977年4月30日

西德各地的城镇举行了仅限女性参加的“夺回黑夜”（Take Back the Night）游行，反对性骚扰。[50]

5 月

1 日

1886 年 5 月 1 日

在"每天工作 8 小时不减薪"的口号下，美国 30 万—50 万名工人罢工，并在全美各地举行集会。芝加哥是罢工运动的中心，雇主和政府决心粉碎这场运动。

沃尔特·克雷恩的《干草市场烈士》插图（维基共享资源提供）

8 名参与 8 小时工作制运动的无政府主义者随后被指控，尽管他们中的一些人与干草市场的抗议没有关系，甚至没有出现在现场，而且也没有人被指控投掷炸弹。

后来，社会主义和共产主义组织将 5 月 1 日定为国际劳动节，以纪念干草市场烈士和 8 小时工作制运动。如今，这一天已成为世界上许多国家的公共假日。[1]

1974年5月1日

英国莱斯特帝国打字机公司工厂的数百名主要来自东非的亚裔女工开始了为期3个月的罢工。尽管没有成功，但这是激发亚洲工人阶级在英抵抗的一场关键运动。[2]

✧· 2日 ·✧

1968年5月2日

底特律哈姆特拉马克汽车厂的4000名工人举行罢工，反对加快生产线的运行速度。几名黑人罢工者在马路对面的一家酒吧会面，成立了道奇革命联盟运动（DRUM），领导旗下黑人运动。两个月后，他们组织了第一次自发罢工。联盟运动激励了其他工厂的类似团体，这些团体后来聚集在一起组成了革命黑人工人联盟（LRBW）。[3]

✧· 3日 ·✧

1926年5月3日

晚上11时59分，英国开始了一场大罢工，近200万名工人放下生产工具，支持面临减薪的被困矿工。尽管实际行动持续了一个多星期，但职工大会还是在没有取得当局任何让步的情况下屈服了。[4]

1953年5月3日

保加利亚普洛夫迪夫的伊万·卡拉乔夫烟草仓库的夜班女工驱赶警卫，并将自己关在仓库内，抗议临时工制。在国有化后，烟草行业的状况恶化，大部分女工失去了固定工作，只能签署季节性短期合同，在淡季没有福利和住宿。

5月4日上午，民兵赶到抗议活动现场，在附近另外两个仓库工作的妇女举行罢工并与民兵对峙，其他烟草工人也加入她们的行列。当局命令军队向工人开火，造成数人死亡，数十人受伤，数百人被捕，其中许多人随后被送往古拉格，罢工运动被有力镇压。[5]

4日

1919年5月4日

里约热内卢的5万名工厂工人罢工，要求8小时工作制和20%的加薪。6月，圣保罗的工人加入了他们的行列。7月，由于未能平息罢工，政府迫使雇主对这两项要求作出让步。[6]

1961年5月4日

自由骑士（Freedom Riders）开始采取直接行动对抗美国南部洲际旅行巴士的种族隔离。尽管种族隔离是非法的，但法律并未执行到位。警方与三K党和种族主义白人暴徒合谋袭击了黑人和白人骑手。但骑手们坚持战斗，一些人拿起武器保护自己。到11月，公交系统的种族隔离结束。[7]

亚拉巴马州种族主义者袭击自由骑士（联邦调查局/维基共享资源提供）

5日

1906年5月5日

由于收入比从事同样工作的美国员工低40%，在五月五日活动期间，墨西哥索诺拉的卡纳尼亚联合铜业公司的工人组织活动抗议薪酬歧视。当局以宣布戒严作为对罢工的回应。接下来的一个月，墨西哥矿工持续罢工，其中许多人被公司的暴徒杀害。[8]

1970年5月5日

美国数十万名大学生走出课堂走上街头，在全国范围内举行罢课，反对越南战争并抗议国民警卫队前一天在肯特州立大学杀害4名学生。[9]

6日

1937年5月6日

在烟草行业的动荡浪潮中，400名黑人烟草抽梗女工在弗吉尼亚州里士满的I.N.沃恩公司举行罢工。在南部黑人青年大会（SNYC）协助下，这些妇女为争取更高的工资和更好的劳动条件而罢工，白人纺织女工也加入了罢工行列。48小时后，她们赢得了更高的工资和每天最多8小时、每周5天的工作制，以及工会的认可。[10]

7日

1912年5月7日

贝尔蒙特酒店的150名工人举行罢工，纽约市第一次服务员和酒店工人的大罢工由此开始。这次罢工由世界产业工人联盟组织，在高峰期，有超过 6000 名工人参加罢工，要求每周休息一天，提高工资，不能歧视工会成员。雇主们试图通过雇用非裔美国人作为罢工破坏者来煽动种族仇恨，因此，罢工工人与有色人种服务员协会结盟，并呼吁黑人工人加入罢工。

多家酒店同意了罢工者的部分要求，由于警方暴力、媒体骚扰以及包括当地大学生在内的越来越多的罢工破坏者的参与，罢工被迫在 6 月下旬结束，一些主要的组织者被列入黑名单。尽管如此，酒店员工在接下来的几年里持续罢工。直到今天，纽约仍然是世界上酒店员工薪酬最高的城市之一。[11]

✧· 8 日 ·✧

1928 年 5 月 8 日

18 岁的阿根廷无政府主义工厂工人路易莎·拉拉纳在码头工人罢工期间被罢工破坏者杀害。上个月，罗萨里奥的装卸工人罢工，5 年来首次要求加薪。当时，拉拉纳和她在曼奇尼麻袋厂的一些同事正在分发妇女港口委员会的传单，以支持码头工人。极右翼准军事组织阿根廷爱国联盟（Argentine Patriotic League）的成员、工贼胡安·罗梅罗朝拉拉纳头部开枪，导致拉拉纳于当天下午去世。

第二天，当地工会、无政府主义阿根廷地区工人联合会（FORA）和共产党呼吁举行大罢工以示抗议。数千人放下工具加入游行队伍，1000 名妇女组成的长队带领着送别拉拉纳的队伍。警方猛烈袭击了这些人，两艘军舰抵达港口增援警察和准军事部队。在当月的罢工中，总共有 11 名工人丧生。尽管如此，该市的罢工和示威活动在一年多的时间里依然继续升级和增加。[12]

1942年5月8日

一群黑人和白人青年在芝加哥实行种族隔离的杰克·斯普拉特咖啡馆举行静坐示威，这是民权运动的第一次静坐示威。咖啡馆报了警，但警察拒绝驱逐占领者，因为他们没有违反任何法律。最后，这家咖啡馆放弃了种族歧视政策。这次活动是由前一年成立的种族平等大会（CORE）组织的。[13]

✣· 9日 ·✣

1914年5月9日

在苏格兰格拉斯哥，妇女参政论者与试图袭击妇女权利会议的警察发生冲突。他们将花盆、桌子、椅子砸向冲进大厅的警察，这些参会者和受过柔道训练的保镖们用球棒、警棍、木棍、木板武装自己，他们甚至还有一把装满空包弹的左轮手枪，最后击退了警察。当警察试图逮捕演讲者时，他们被隐藏在装饰舞台花环中带刺的铁丝网所阻拦。[14]

名为《懂柔道的妇女参政论者》漫画（维基共享资源提供）

1936 年 5 月 9 日

在希腊塞萨洛尼基，警察和士兵袭击了一场反抗警察镇压罢工的工人示威，造成 12 人死亡。工人们的葬礼变成了 20 多万人的大规模示威，几天后又发生了一次全国性的抗议罢工运动。

仅仅三个月后，扬尼斯·梅塔克萨斯将军宣布实行独裁统治以结束混乱，但他被迫实行最长 8 小时工作日，并为工人提供养老金和福利金等社会保障。[15]

10 日

1920 年 5 月 10 日

英国伦敦东印度码头的工人发现“乔利·乔治”号（Jolly George）船装载了用于对抗俄国革命的弹药后拒绝继续装船，运煤工人拒绝为船上的发动机装煤，直到武器卸完为止。

工人们成功了，5 月 15 日，弹药被卸回码头。前妇女参政论者和左翼共产党人西尔维娅·潘克赫斯特和一名被称为“来自波普勒的沃克夫人”的人在组织抵制活动中发挥了关键作用。[16]

西尔维娅·潘克赫斯特在特拉法加广场（斯帕内斯塔德摄影，美国国家档案馆提供）

11日

1923年5月11日

经过数月的骚乱，前一年在墨西哥韦拉克鲁斯镇被关押的150名抵制房租的罢工女性被州长释放。这些妇女在拘留期间组织了罢工，并与监狱看守发生了冲突，而监狱外的工人则威胁要进行全面罢工以争取他们的自由。抵制房租的罢工女性身着奶油色连衣裙，头戴红丝带草帽，10人一组，在支持者的歌声、口号声以及鞭炮声中走出监狱。随后，这群人游行穿过城市的主要街道，来到房东工会办公室，宣布将继续对房东采取直接行动。[17]

1972年5月11日

乌拉圭无政府主义联合会武装派的一个名为PRO-33（Popular Revolutionary Organization-33）的团体绑架了一个名叫塞尔吉奥·莫拉圭罗的制鞋商。当时该制鞋商工厂的工人们正在举行罢工。绑架者收到了1000万美元的赎金，用于在国际上宣传乌拉圭独裁统治的罪行。[18]

12日

1916年5月12日

爱尔兰社会主义者、工会主义者和独立活动家詹姆斯·康诺利在都柏林的基尔梅纳姆监狱被行刑队处决。他与其他14人因领导反抗英国殖民当局的复活节起义而被判处死刑。[19]

詹姆斯·康诺利（维基共享资源提供）

1978 年 5 月 12 日

尽管生活在军事政权下，巴西圣贝尔纳多的萨博 – 斯堪尼亚汽车厂工具房的白班工人决定举行罢工。罢工蔓延开来，两周内就有 20 多家工厂的 4.5 万名工人为争取加薪而加入其中。在接下来的几周里，罢工蔓延到奥萨斯科和圣保罗，迫使所有汽车公司同意为工人加薪 11% 至 13.5%。[20]

13 日

1968 年 5 月 13 日

1968 年 5 月叛乱期间，法国有多达 1000 万名工人发动了大罢工，巴黎数十万人跟随学生暴力骚乱走上街头。[21]

1968 年 5 月罢工期间的巴黎奥德剧院（埃里克・科赫 / 阿内福摄影，美国国家档案馆提供）

1985 年 5 月 13 日

费城警方用自动武器袭击了黑人解放和环境保护组织“MOVE”的总部，随后向其投掷了一枚炸弹，造成 5 名成年人和 6 名儿童死亡，大火在蔓延中烧毁了 61 所以黑人为主的社区中的房屋，导致 250 人无家可归。[22]

14 日

1913 年 5 月 14 日

费城码头工人举行罢工。4000 名罢工者中大约有一半是非裔美国人。罢工者会面并决定加入世界产业工人联盟，这是美国最早的、最活跃的多种族工会之一。两周后，工人们赢得了罢工。[23]

1931 年 5 月 14 日

在瑞典的奥达伦，军队用重机枪向举行和平示威的硫酸盐工厂罢工工人开火，造成 4 名示威者和 1 名旁观者死亡，另有几人受伤。[24]

15 日

1950 年 5 月 15 日

当时属于大英帝国的肯尼亚内罗毕爆发了一场大罢工。工会领导人本来计划在第二天宣布罢工，但工人们自己已经开始行动，要求释放 2 名被监禁的工会领导人、大幅提高最低工资、增加年薪、提供住房补贴、病假工资、每年 14 天带薪休假、失业保险，以及为出租车司机提供更多权利。工会后来呼吁“所有工人和所有东非领土都享有自由”。英国当局宣布罢工非法，并用催泪瓦斯袭击工人的大规模集会。与此同时，罢工者剃光了工贼的头发，妇女们组织后勤和食品供应分配，大约 10 万名坚定的工人誓要将罢工坚持到底。出于某种原因，尽管只有一些城镇的最低工资得到小幅提升，但工会领导人仍下令让工人重返工作岗位。事件过后，数百名罢工者被解雇。[25]

16 日

1934 年 5 月 16 日

明尼阿波利斯卡车司机工会的司机举行罢工，导致该市几乎所有的商业运输停摆。这场劳资纠纷持续了三个多月，最终司机们的大部分要求得到满足。此次罢工为明尼阿波利斯的更多工人组织开辟了道路。罢工工人和受到警察与警卫保护的工贼展开长达数月的激烈斗争，成为 20 世纪美国历史上一场重要的劳资纠纷。[26]

罢工卡车司机与警察战斗，明尼阿波利斯（大学公园国家档案馆 / 维基共享资源提供）

17 日

1949 年 5 月 17 日

砖厂工人、前意大利抵抗运动成员玛丽亚·马戈蒂在莫利内拉被国内准军事警察宪兵队杀害。前一天，她和其他妇女一起站在农业工人的纠察线上，试图阻止工贼取代罢工者。警察对他们展开尤为猛烈的袭击。因此，在 5 月 17 日，爆发了一场抗议警察暴力行动的示威活动。宪兵队用机枪向人群开火，杀死了 34 岁的马戈蒂。她的死引起了公众的愤怒，并激起了对战后国家及其反工人阶级政策的反对和抵制的升级。[27]

玛丽亚·马戈蒂（维基共享资源提供）

1965 年 5 月 17 日

作为对大罢工的回应，玻利维亚右翼军事独裁政权宣布进入戒严状态，并对有组织的工人阶级发动全面战争。他们还通过了一系列法律，包括取消工会、要求所有 19—50 岁的玻利维亚人服兵役等。[28]

✣· 18 日 ·✣

1968 年 5 月 18 日

塞内加尔大罢工正式开始。在塞内加尔政府削减学生补助金后，学生发起了一场全国性罢课运动。尽管遭到警察的暴力镇压，但这场运动在接下来的几天里愈演愈烈，最终以工人的大罢工达到高潮，并赢得了当局许多让步而结束。[29]

1980 年 5 月 18 日

在和平的反政府抗议者被政府军开枪打死之后，韩国光州的工人组织起来，抢劫了当地军械库和警察局，奋起反抗美国支持的残暴独裁者全斗焕。尽管遭到血腥镇压，但为人们赢得了许多民主权利。[30]

✣· 19 日 ·✣

1918 年 5 月 19 日

第一次世界大战期间，位于佩奇的匈牙利乌伊维德克第六步兵团发生兵变，士兵们拒绝进入战壕。他们切断了电话线，袭击了市政建筑和兵营，然后占领了当地的火车站。在当局军队包围下，他们抵抗了三天才投降。十分之一的人被随机射杀，所有涉案的高级官员都被枪决，士官们则被判入狱。[31]

1935 年 5 月 19 日

200 名受雇于牙买加金斯顿港口联合水果公司的香蕉装载工举

行罢工。罢工第二天，英国殖民警察向工人开火，打伤了一名妇女。尽管如此，罢工还是蔓延开来，几天之内就变成了全市大罢工。安全部队花了数周时间才重新控制了城市。[32]

20 日

1910 年 5 月 20 日

当警察搜查木材工人宫下太吉的房间并发现制造炸弹的材料时，日本"大逆事件"（High Treason Incident）爆发。大批社会主义和无政府主义者因密谋暗杀天皇而被捕，尽管实际上只有少数人负有责任，但其中仍有 24 人在一次公审后被判处死刑。[33]

幸德秋水，"大逆事件"被处决者之一（维基共享资源提供）

1936 年 5 月 20 日

西班牙无政府女权主义杂志《自由女性》（*Free Women*）第一期出版。该杂志由同名团体创办，旨在结束"女性被无知、资本和男性的三重奴役"。该组织在当年晚些时候爆发的西班牙革命中发挥了重要作用。[34]

21 日

1941 年 5 月 21 日

挪威的演员们开始了一场反对纳粹占领的罢工运动。纳粹接管广播公司后，许多不愿演出的演员提前签署了一项秘密承诺，如果任何艺人因政治原因被解雇，他们将举行罢工。包括托尔 · 塞格尔克、利勒莫 · 冯 · 汉诺、格尔达 · 林格和伊丽莎白 · 戈丁在内的 6

名演员，面对纳粹当局的命令，拒绝在电台工作。5月21日，他们被传唤到奥斯陆警察总部进行跨部门调查，所有人的工作许可证都被吊销。当天晚上，首都的每家剧院都关闭，演员们开始罢工，第二天，罢工蔓延到卑尔根和特隆赫姆。盖世太保开始威胁演员，但他们以压倒性优势投票决定继续罢工。5月24日，德国当局向演员发出最后通牒，并开始逮捕工会代表。即便是面对当局通牒和逮捕，抑或是受到死刑的威胁，罢工仍持续了5周。

托尔·塞格尔克（雷夫·尔内隆德摄影，奥斯陆博物馆提供）

事件发生后，纳粹决定全面接管剧院，但公众对法西斯的“娱乐表演”（entertainment）毫无兴趣，并予以抵制。[35]

22日

1968年5月22日

1968年5月的起义中，巴黎足球运动员占领了法国足球协会的总部并发表声明，要求立即解雇足球“奸商”（profiteers），成立足球非营利组织，并宣称“团结一致，我们将使足球再次成为一项快乐的运动，一项所有工人都已开始建设的面向未来的运动”。[36]

2006年5月22日

当政府拒绝回应他们的诉求，墨西哥瓦哈卡州的教师连续25年举行罢工。这年罢工的独特之处在于，他们在市中心设立了营地，无视返回工作岗位的命令，敦促学生和他们的家人加入罢工行列，甚至还建立了自己的广播电台。这次罢工持续了 5 个月，有数万人加入。罢工遭到当地警察、联邦警察和准军事组织的大规模镇压，多达 27 人被杀害。[37]

23 日

1946 年 5 月 23 日

纽约州罗彻斯特市开展了历史上最大规模的逮捕行动，300 名警察围捕了 208 名要求恢复工作并获得工会认可的罢工市政工人。除了罢工者，他们还逮捕了一名上班路过的老师、一名路过的水管工，甚至还有一条罢工者的狗。然而，镇压并没有阻止工人，罢工蔓延开来，并在接下来的一周取得胜利。[38]

1969 年 5 月 23 日

工人们在阿根廷罗萨里奥附近的工业走廊发动了大规模罢工，这是罗萨里奥长期反抗军事独裁统治行动的一部分。[39]

罗萨里奥叛乱期间的抗议者（卡洛斯·萨尔迪摄影，维基共享资源提供）

24 日

1919 年 5 月 24 日

加拿大阿尔伯塔省数千名煤矿工人因工资、生活费用和工作条件的纠纷而罢工。他们被组织在一个大工会中。这是一个革命性的工会，计划将所有工人组织成一个单一的工会，以实现对社会的控制和运行的集体管理。德鲁姆赫勒的 13 家矿业公司拒绝谈判，雇主们雇佣回国的退伍军人，用棍棒和钢条武装他们，给他们免费提供酒水，鼓励他们恐吓工人，殴打和折磨组织者，而警方对此视而不见。到了 8 月，罢工终被平息。[40]

1990 年 5 月 24 日

革命建筑工人和环保主义者朱迪·巴莉的汽车遭到炸弹袭击，她受了重伤，她的同事达里尔·切尼也受了伤。她们一直在为保护加利福尼亚州的古老红杉森林免受伐木公司的侵害而采取行动。他们曾受到死亡威胁，此前他们的车还曾被伐木卡车撞毁。

尽管这很显然是一次谋杀行动，但几乎同时赶到现场的联邦调查局特工则试图诬陷是他们自己策划的暗杀行动。

巴莉遇袭击后一直生活在痛苦之中，并于 1997 年死于乳腺癌。几年后，切尼和巴莉的家人赢得了一项针对联邦调查局陷害行为的民权诉讼，获得了 440 万美元的赔偿金。[41]

25 日

1978 年 5 月 25 日

新西兰奥特罗亚的警察在奥克兰附近的巴斯辰角袭击了一片毛利人占领的土地，要求他们归还这块土地。欧拉克伊毛利人行动委员会（OMAC）占领这片土地达 506 天之久，当时警方进驻并驱逐他们，逮捕了 222 人，并拆除了建筑物。然而，抗议活动仍在继续，1988 年，政府同意将土地归还给纳提佤图阿毛利人。[42]

2020 年 5 月 25 日

46 岁非裔美国保安，也是俩孩子父亲的乔治·弗洛伊德被明尼阿波利斯警察德雷克·肖万杀害。这个曾在之前的工作中被投诉 18 次的凶手，跪压在弗洛伊德的脖子上超过 8 分钟，对弗洛伊德绝望的呼喊、无法呼吸和濒死状态视而不见。弗洛伊德失去知觉后，肖万持续跪在他的脖子上。即使在医护人员赶到后，他仍继续跪在弗洛伊德的脖子上长达一分二十秒。与此同时，他的 3 名同事站在一旁保护他，而旁观者则在拍摄和呼救。随着警察和治安员（包括布伦娜·泰勒、艾哈迈德·阿伯里和雷沙德·布鲁克斯）杀害手无寸铁的黑人的事件接连发生，“黑人的命也是命”（Black Lives Matter）运动重新出现，席卷美国并在国际上蔓延。

这场运动的全部范围尚不得而知，但到目前为止，已导致杀害乔治·弗洛伊德的凶手被提起谋杀指控，事件引发了越来越多的要求停止给警察拨款甚至废除警察部队的呼声。在明尼阿波利斯，市议会已经承诺解散其警察局。[43]

26 日

1824 年 5 月 26 日

美国历史上第一次有记载的工厂罢工发生在罗得岛州波塔基特市的斯莱特工厂，当时 102 名女工在工厂周围设置纠察线。两天前，镇上的工厂主决定将每个工人每天的工作时间增加一小时，但不增加工资，还将动力织布机织工的工资削减 25%。据雇主称，受影响的织工都是 15—30 岁的女性，他们以前的工资水平对年轻女性来说“过于奢侈”。工厂老板们没有预料到的事情发生了，女工们组织起来并举行了罢工，这在处于萌生期的纺织业或该国任何一家工厂中从未发生过。其他工人和当地社区成员也加入了罢工者的行列，他们封锁了工厂，抗议并向雇主的豪宅投掷石块。当地一位著名的政治家乔治 ·F. 詹克斯于劳资争端期间在他的日记中写道：

我刚从街上回来，那是我所见过的最阴郁的集会之一，桥对面的约西亚·穆勒的商店里挤满了男人、女人和孩子，这是一群非常大胆的暴徒，他们在街上拉扯着、拖拽着、尖叫着、呼喊着，以各种形式侮辱棉纺厂的经理。

在为期一周的罢工的最后一天，其中一家工厂被纵火焚烧。火灾发生后的第二天，工厂老板开始与工人进行谈判，他们达成了折中方案。事件发生后，其他工人团体也开始组织起来，在接下来的几年里，新英格兰的纺织业也爆发了其他罢工。[44]

1944 年 5 月 26 日

维希法国的马赛爆发了大罢工。金属工人、公务员和运输工人加入了前一天开始的造船厂工人罢工行动，他们在市政厅前示威，要求“面包”。盖世太保逮捕了 1.5 万名工人后，罢工结束。但镇压是短暂的，因为不久后马赛就解放了。[45]

27 日

1919 年 5 月 27 日

秘鲁利马的工人宣布举行大罢工，抗议高昂的生活成本，并关闭了该地区的经济活动。政府最终以杀死至少 100 名抗议者，打伤并监禁数百人镇压了罢工。[46]

2004 年 5 月 27 日

在贝鲁特南部郊区的萨拉姆社区举行的工会示威活动中，黎巴嫩军队打死了包括一名妇女在内的 6 人，打伤了数十人。黎巴嫩工人总联合会（CGTL）呼吁全国各地的工人罢工，鼓励他们走上街头去抗议高油价和高生活成本。愤怒的示威者焚烧了五层高的劳工部大楼，军队在萨拉姆居民区使用了实弹，安全部队逮捕了 130 多名抗议者。这是黎巴嫩内战以来伤亡最惨重的工人抗议活动之一。与此同时，以拉菲克·哈里里为首的黎巴嫩政府正在准备迎接前来参加几天后在贝鲁特举行的石油输出国组织（OPEC）会议的国际代表团。[47]

28 日

1913 年 5 月 28 日

费城数千名码头工人组织的为期两周的罢工取得胜利，他们成功争取到了加薪和工会的认可。这次罢工是由一位黑人码头工人本·弗莱彻领导的世界产业工人联盟第八分会组织的。

第八分会的成员包括非裔美国人、爱尔兰裔美国人、东欧移民和其他族裔群体，该组织可能是第一次世界大战期间美国本土种族和民族融合程度最高的联盟。尽管遭到了雇主和政府的大规模镇压，但它还是世界产业工人联盟最持久的分支之一，近十年的时间里一直主导着码头区的工人运动。[48]

1936 年 5 月 28 日

3.2 万名工人占领了巴黎的雷诺工厂。很快，又有 10 万余名工人占领了城市周围的所有主要的工程工厂。在接下来的一个月里，罢工浪潮席卷全国，从工厂到非工会组织的商店，200 万名工人参与了 1.2 万次罢工和占领行动。为了阻止这场动荡，雇主和政府不得不同意将工资提高 7% 至 15%、每周工作 40 小时，并给予员工带薪休假和集体谈判权。[49]

29日

1969年5月29日

汽车厂工人马克西莫·梅纳在阿根廷科尔多瓦的一次罢工中被警察开枪打死，引发了工人和学生在整个城市掀起了被称为“科尔多瓦”事件的骚乱和示威浪潮。这是科尔多瓦工人阶级具有传奇意义的反抗，标志着胡安·卡洛斯·奥加尼亚将军军政府结束的开始。[50]

科尔多瓦的罢工抗议者（维基共享资源提供）

1972年5月29日

模仿美国黑豹党的达利特黑豹组织在印度马哈拉施特拉邦成立，它的主要目标是反对种姓歧视。达利特的意思是“受压迫的”，专指印度低种姓成员。这个社会主义团体在20世纪70年代和80年代最为活跃。[51]

30日

1969年5月30日

荷兰帝国所属的加勒比海库拉索岛爆发了一场旨在推翻政府的工人起义。大规模罢工正在进行，并且爆发了反对低工资和对黑人歧视的大规模骚乱。这次起义是库拉索岛历史上的一个关键转折点。[52]

31日

1831 年 5 月 31 日

法警试图按法院要求扣押“狩猎者刘易斯”家中的货物，从而引发了威尔士“梅尔塞特·泰德菲尔起义”。在邻居的帮助下，刘易斯设法阻止了法警进入他的家。第二天，钢铁工人举行了一场示威活动，示威者洗劫了法警的房屋，并将财产归还原所有者。起义不断蔓延并持续到 6 月中旬。[53]

1921 年 5 月 31 日

塔尔萨大火中的小非洲部分（维基共享资源提供）

在一名黑人男子被虚假指控曾袭击一名白人女性后，美国发生了塔尔萨大屠杀。这是美国最严重的种族暴力事件之一，造成 300 人死亡。《塔尔萨论坛报》（*Tulsa Tribune*）在头版刊登了一篇题为《在电梯里袭击女孩的黑人被捕》（*Nab Negro for Attacking Girl in Elevator*）的文章，在背面刊发一篇题为《今夜处死黑人》（*To Lynch Negro Tonight*）的社论。

当地白人被激怒，他们袭击了当时美国最繁荣的非裔美国人社区格林伍德黑人社区，该社区俗称“黑人华尔街”。暴徒得到私人飞机的支援，据报道，这些飞机投下了燃烧装置并向黑人居民开火，造成数百人死亡，整片 35 个街区被夷为平地，上万人无家可归。[54]

6月

1日

1926年6月1日

在澳大利亚温德姆，一支警察巡逻队前往搜捕一名袭击和鞭打并致使一名白人死亡的土著男子。警察们于6月19日返回，在此期间，他们制造了福里斯特河大屠杀，警察杀害了11—300名土著居民并在当地肆意纵火。皇家委员会证实了大屠杀的发生，但没有任何官员被定罪。[1]

1971年6月1日

数十个无家可归的家庭占据了米兰提巴尔迪大道上的空置房屋。在当地工厂工人、建筑工人和失业者的支持下，他们抵制了警方的两次暴力驱逐企图，最终迫使当地政府重新安置他们和另外140个家庭。[2]

2日

1863年6月2日

曾被奴役的地下铁路活动人士哈里特·塔布曼率领150名黑人联盟士兵突袭了库巴希河地区，这是美国内战期间唯一一次由女性领导的军事行动。行动取得了重大成功，750 名被奴役的人获得了自由，几名富有的分离主义地主的庄园遭到洗劫和焚烧。[3]

3日

1943 年 6 月 3 日

约 50 名美国海军白人水兵离开军械库，在洛杉矶阿尔卑斯街袭击了身穿阻特服的墨西哥裔美国儿童，引发了“阻特服暴乱”（Zoot Suit Riots）。他们先是用棍棒殴打了一群十二三岁的男孩，剥去他们的衣服，堆成一堆并点火焚烧。这群暴徒很快被当地海岸巡逻队拘留，但在一名高级海军军官抵达后，他们被无罪释放。

第二天，年轻的奇卡诺人开车经过军械库，辱骂了警卫。夜幕降临时，白人水兵再次出发，这一次他们前往洛杉矶东部的墨西哥

洛杉矶监狱外的阻特服追随者（美国国会图书馆提供，版画和照片部，《纽约世界电讯报》和《太阳报》的照片集，复制编号，LC-USZ62-113319）

裔美国人地区，在街上、酒吧和剧院袭击人群。

在接下来的几天里，许多其他军人加入了袭击。治安警员受到了媒体的赞扬，但警方逮捕的是被袭击的受害者，而不是肇事者。洛杉矶市议会甚至试图禁止穿阻特服。

与此同时，黑人和墨西哥的阻特服穿着者，包括一群被称为帕丘卡斯的女性团体，比如“滑头小鸡”（Slick Chicks）和“黑寡妇”（Black Widows），组织起来进行反击。随着洛杉矶的冲突逐渐平息，纽约、费城和底特律也开始爆发冲突，底特律的冲突是在黑人阻特服穿着者遭袭击后发生的。阻特服最终成为黑人和墨西哥工人阶级自豪、反抗、叛乱的象征。[4]

2016 年 6 月 3 日

美国一名联邦法官裁定，尽管女性足球运动员的集体谈判协议（其中包括禁止罢工条款）已经到期，但他们不能进行罢工。尽管女足比男足更成功，创造的收益也更高，但他们仍面临薪酬歧视问题，其收入是男足的四分之一。[5]

美国女子国家足球队与巴拉克・奥巴马合影（劳伦斯・杰克逊摄影，白宫/维基共享资源提供）

4日

1976 年 6 月 4 日

一名 18 岁的锡克教学生古尔迪普・辛格・查加尔在一场种族主义袭击中被刺死。当一名路人问警察谁被杀时，警察回答说：

"只是一名亚洲人。"他的被害引发了该地区的骚乱，并促使当地亚裔和黑人青年组织了南方青年运动（SYM），将反对种族主义者的斗争推向街头。[6]

5日

1981 年 6 月 5 日

在巴丹出口加工区的戒严结束后，菲律宾工人举行了第一次大罢工——尽管政府曾表示罢工将永远不会发生。罢工一直持续到 6 月 7 日，并促成了巴丹劳工联盟（AMBA）的成立，该联盟在 1983 年帮助组织了针对 22 家不同公司的 31 次罢工。[7]

1996 年 6 月 5 日

得克萨斯州边境社区组织"拯救塞拉布兰卡"（SSB）与美国和墨西哥的许多其他环保组织结盟，推动了反对在其社区内建立核废料处置场的运动。该处置场得到了州长乔治·W. 布什、总统比尔·克林顿和佛蒙特州参议员伯尼·桑德斯等人的支持。这场运动持续了两年多，直到 1998 年 10 月 22 日该计划才被正式搁置。[8]

6日

1966 年 6 月 6 日

反种族主义活动人士、退伍军人詹姆斯·梅雷迪斯开始了一场从田纳西州孟菲斯到密西西比州杰克逊的 200 多英里的单独游行，以抗议种族主义并鼓励黑人选民登记。其间，梅雷迪斯被一名企图暗杀他的白人男子开枪击中，但其他人接替他继续前行。梅雷迪斯本人在康复期间重新加入了游行队伍，当他抵达杰克逊时，约有 1.5 万人陪他同行。游行后期，他们得到"防卫与正义执事"

（Deacons for Defense and Justice）的保护，该团体是一个为自卫而武装起来的非裔美国民权组织。

梅雷迪斯作为第一个就读于全白人的密西西比大学的非裔美国人而广为人知。他被录取时，白人至上主义者发起暴动以示抗议，他们焚烧汽车、毁坏财产，并用石头、砖块和枪支袭击联邦特工和美国军队。据报道，暴力事件平息后，许多白人学生躲避并骚扰他。[9]

詹姆斯·梅雷迪斯在美国法警的陪同下步行前往密西西比大学上课［美国国会图书馆版画和摄影部提供，《美国新闻与世界报道》（*News & World Report Magazine*）杂志收藏］

1988年6月6日

南非黑人工会和反种族隔离组织宣布举行大罢工。多达300万人参加罢工，抗议持续两年的紧急状态和进一步限制罢工权的提议。在警方的武力压制下，罢工者一直坚持到6月8日，警察向黑人居住区的人群开枪。[10]

·7日·

1968年6月7日

英国福特达格纳姆工厂的女工举行罢工，要求与男工同工同酬。直到工资水平达到男性工资的92%时，她们才同意三周后重返工作岗位。这次罢工是1970年颁布《同工同酬法案》（*Equal Pay Act*）的关键原因，尽管福特工厂名义上的同工同酬是在1984年的一次罢工之后才实现的。[11]

1972年6月7日

警察在巴基斯坦卡拉奇向一群要求偿还欠薪的罢工者开火，造成3人死亡、数十人受伤。作为回应，工人们在全市范围举行大规模罢工。[12]

·8日·

1961年6月8日

一群包括夸梅·图尔（当时仍被称为斯托克利·卡迈克尔）、格温多林·格林和琼·穆赫兰在内的自由骑士（Freedom Riders）在密西西比州的杰克逊被捕。图尔是学生非暴力协调委员会（SNCC）以及后来的黑豹党的主要组织者。他是美国联邦调查局反间谍计划（COINTELPRO）的目标，并且因“穿着糟糕”（bad jacketed）被错误地以为是中央情报局（CIA）特工，这导致他被学生非暴力协调委员会开除。

格林（后来改名为布里特）也因拒绝离开马里兰州仅对白人开放的格伦埃科游乐园而于1960年被捕。她和其他人一起与美国纳粹党的反抗议者对峙，并持续进行斗争直到夏末。公园同意废除种

族隔离，并于第二年重新开放。

穆赫兰当时19岁，曾多次参加民权静坐示威，她的家人因此与她断绝了关系。1963年，她和其他4名活动人士在密西西比州旅行时，他们的汽车遭到三K党的袭击，三K党企图杀死他们，但他们成功逃脱。穆赫兰至今仍然是个活跃的社会活动家。[13]

2017年6月8日

罢工的清洁工在伦敦经济学院抗议（世界联合之声提供）

经过为期10个月的运动（包括7个罢工日和两次占领行动），伦敦经济学院的清洁工成为英国第一批要求大学将他们转至内部的外包劳工。所有的清洁工都是移民和有色人种，他们组织起来加入世界联合之声（UVW）的基层组织，通过采取持续的罢工行动，在伦敦各地为类似的外包工人取得了许多其他胜利。[14]

⊹ 10日 ⊹

1918年6月10日

非洲工人在约翰内斯堡举行大规模集会，抗议监禁为争取每天加薪1先令而罢工的152名非洲市政工人。激进分子试图在接下来的一个月组织一次大罢工。最后罢工被取消，但成千上万名矿工因为没有得到取消罢工的消息，依旧举行了罢工。[15]

1973年6月10日

纽约大都会地区的掘墓人罢工从3个墓地扩大到其他44个墓地。6月21日，法院发出命令，要求罢工者重返工作岗位，但他

们对此置之不理。组织当地 365 名墓地工人和绿化人员罢工的负责人随后以藐视法庭罪被判入狱并被罚款。经过 27 天的罢工行动，来自犹太教、罗马天主教和非宗派的墓地雇主们集体同意了工人们的大部分要求，包括在接下来的三年内每周增加 12 美元的工资，以及由雇主资助的养老金计划。在争议期间，死者的亲属和朋友掩埋了一些尸体，但仍有至少 1400 具尸体未被妥善处理。[16]

11 日

1914 年 6 月 11 日

伦敦威斯敏斯特教堂在一场袭击中遭到妇女参政论者的破坏。这座教堂建于 1090 年，是世界上著名的教堂之一。[17]

1972 年 6 月 11 日

日本东京的妇女在国会议事堂前游行，抗议优生学修正法案。成千上万的女性，其中许多是残疾人，将根据该计划被强制绝育。[18]

12 日

1963 年 6 月 12 日

凌晨，梅德加・威利・埃弗斯在结束会议后，把车开进自家的车道时，被拜伦・德拉・贝克维斯从背后开枪打死。埃弗斯是一名来自密西西比州的非裔美国民权活动家，他参与了推翻密西西比大学种族隔离的活动。

白人至上主义者、白人公民委员会（White Citizens' Council）成员贝克维斯随后被捕。他后来两次受审，参与两次审判的都是由事先被非法筛选和调查过的全白人陪审团。第二次审判中，在埃弗斯的遗孀迈利作证时，该州前州长打断了审判，上前与贝克维斯握

手。最终凶手逍遥法外。

经过多年的努力，迈利成功地让案件重新审理。1994 年，贝克维斯最终被判有罪并被送进监狱，几年后死于狱中。[19]

1966 年 6 月 12 日

在波多黎各日大游行（Puerto Rican Day Parade）结束后，一名青年被警察开枪击中腿部，在芝加哥引发了为期两天的骚乱，被称为“迪维辛街骚乱”。[20]

13 日

1973 年 6 月 13 日

在澳大利亚布罗德梅多斯福特工厂，数千名工人（主要是移民）举行罢工，他们捣毁工厂，击退警察的袭击，并迫使工会支持他们罢工。作为报复，该公司威胁要将生产转移到马来西亚。尽管如此，罢工仍在继续，并得到了当地社区的大力支持。希腊东正教向罢工基金捐款，医生为罢工者的家人设立免费诊所，玻璃工拒绝修理在骚乱中被打碎的窗户。10 周后，福特工厂作出让步，同意了工人们的许多要求，包括雇佣女工、增加雇工人数、放慢生产速度、增加如厕休息次数和提高工资等。[21]

14 日

1381 年 6 月 14 日

在英格兰农民起义期间，5—10 万人的瓦特泰勒的反叛军队占领了伦敦桥和伦敦塔。他们在那里杀死了财政大臣萨德伯里大主教西蒙和司库罗伯特·黑尔斯爵士。

五月爆发的起义是为了抗议对 15 岁及以上的所有人征收人头

税，因为这加剧了工人和穷人的经济困难。起义很快发展成为一场深刻而复杂的社会运动，并随着攻占伦敦塔而达到顶峰，人们要求彻底改变封建社会。

财政大臣和司库遇害的插图（来源于约 1470 年出版的《法国编年史》第 2 卷）

6 月 15 日，瓦特泰勒在与国王理查二世会谈时被谋杀，意识到自己的弱势地位，理查向叛军承诺，他将执行他们包括取消税收，甚至废除强迫劳动和农奴制在内的许多要求，虽然人头税已经结束，而一旦叛军散去并回到家后，他们就不再构成威胁。理查违背了所有的其他承诺，并绞死了其中的 1500 名叛军。[22]

1991 年 6 月 14 日

多达 50 万名瑞士妇女参加了全国妇女罢工，要求通过法律强制执行性别平等条例。该条例于 1981 年 6 月 14 日被纳入联邦宪法，主要关涉男女之间持续存在的薪酬差异。在 2011 年和 2019 年的同一天，瑞士妇女再次罢工，要求对护理工作给予更高的认可和薪酬，结束性骚扰，并采取行动反对工资不平等。

瑞士女性的平均收入比男性低 20% 左右，而这种薪酬差异的 40% 无法用男女从事不同工作等因素来解释。[23]

15 日

1960 年 6 月 15 日

22 岁的学生桦美智子在东京国会议事堂的一次示威中被警察

杀害。她是数十万名参加反对日美安保条约抗议活动的人士之一，该条约将使美国军队能永久驻扎在日本。[24]

1990年6月15日

世纪城之战（Battle of Century City）发生，洛杉矶警察袭击了约500名清洁工和他们的支持者，当时这些人正参加服务雇员国际工会（SEIU）反对清洁承包商ISS的和平示威。这一事件引发了公众的愤怒和工会的反对，并促使将每年6月15日设立为清洁工正义日（Justice for Janitors Day）。[25]

16日

1531年6月16日

亨利八世修改了他在上年提出的流浪法案，这个法案在创造工人阶级的过程中起到了关键的作用。被圈地运动赶出公共土地，并且不从事雇佣劳动的人被定义为流浪汉。流浪汉第一次犯罪要被鞭打，第二次犯罪除鞭打外还要被切掉半只耳朵，第三次犯罪将被处决。

一个流浪汉的蚀刻

英国和欧洲其他地方所引入的这些法律，创造了除了劳动力之外别无他物的工人阶级。这种对绝大多数人口的剥夺，随后通过殖民主义传播到世界各地。[26]

1976年6月16日

南非索韦托学校的学生们为抗议使用南非荷兰语而罢课。他们走上街头，警察向人群开火后，骚乱迅速蔓延到全国，由此引发的起义推动了反种族隔离斗争。

两年前，政府将南非荷兰语和英语一起列为学校的必修课，尽管南非白人移民，尤其是荷兰裔移民广泛使用南非荷兰语，几乎没有南非黑人懂这种语言。反对其强制实施的组织活动几乎立刻开始，并发展为“索韦托骚乱”（Soweto Riots）。[27]

17日

1971年6月17日

澳大利亚新南威尔士州的建筑工人发起了一项“绿色禁令”（green ban），拒绝在凯利林区建造豪华住宅。凯利林区是亨特山郊区的最后一块空地，当地妇女一直在为拯救这片公园而奔走。尽管管理层威胁要使用罢工替代者，但建筑商和居民们还是赢得了斗争的胜利，凯利林区今天仍然是一个开放的公共保护区。随后一波“绿色禁令”开始实施，在接下来的4年里阻止了数十亿美元的有害开发。[28]

18日

1935年6月18日

在不列颠哥伦比亚省温哥华，大约1000名参与停工的码头工人和他们的支持者遭到数百名武装警察和加拿大皇家骑警的暴力袭击，当时他们正在巴兰坦码头警戒卸货的船只。几名工人被送往医院，其中一名工人在试图逃跑时腿部中弹。袭击发生后，罢工开始动摇。然而，它为建立一个新的独立工会扫清了道路，新工会的成员在随后的几年里赢得了多次罢工。[29]

19日

1937年6月19日

在雇主拒绝石油工人的工资要求后，特立尼达一个油田的工人举行了罢工。英国殖民当局曾试图逮捕帮助并领导了这次罢工活动的乌利亚·巴特勒，他曾是一名石油工人，后来成为传教士。一群工人保护着他，并杀死了两名警察，用石蜡浸泡其中一人，最后将两人焚烧。巴特勒躲藏起来，罢工迅速蔓延到所有油田，然后扩散到其他经济部门。该地区宣布进入紧急状态，两艘英国军舰于6月22日至23日抵达该岛，从英格兰和爱尔兰带来了海军陆战队和更多警力。两支当地军队也被动员起来对付这些工人。他们逮捕和监禁了许多工人，最终平息了这次罢工活动。巴特勒于9月被捕，因煽动叛乱被判两年监禁。[30]

1937年6月19日

俄亥俄州扬斯敦发生了妇女节（Women's Day）大屠杀，警察杀死了16人，打伤了近300人。当时共和钢铁公司工人在1000名工会支持者被解雇后继续罢工，他们的妻子和孩子对罢工表示支持。

罢工者的妻子们组织了一个妇女节来支持男人们。这些妇女的出现惹恼了警察队长，他命令这些妇女离开。当她们拒绝离开并向警察吐口水和咒骂时，警察向这群妇女、儿童甚至婴儿发射催泪瓦斯。这激怒了工人，他们冲到现场保护自己的家人。就在那时，警察开火，造成数百人伤亡。[31]

20日

1905年6月20日

正是在瑞典工会表示“如果继续动员战争，他们就举行全国性的大罢工”的威胁下，瑞典国王奥斯卡二世公开并正式取消了入侵刚刚独立的挪威的计划。[32]

1967年6月20日

拳击传奇人物穆罕默德·阿里因拒绝在得克萨斯州休斯敦参加越战征兵而被定罪。阿里是美国战争的强烈反对者，他说：“为什么他们要我穿上军装，跑到离家1万英里的地方，向越南的棕色人种投掷炸弹和子弹，而路易斯维尔的黑人却被当作狗一样对待？”

为了平息愈演愈烈的反战情绪，阿里被判处最高5年监禁和1万美元罚款。但这种努力被证明是失败的，因为反战运动仍在继续发展。

尽管伊斯兰民族组织开始与阿里保持距离，但从埃及到圭亚那到伦敦到加纳，世界各地都举行了支持他的示威活动。4年后，最高法院推翻了对他的定罪。阿里表示并不后悔：

> “我并不是想成为一个领导者，我只是想要自由。我认为所有人，不仅仅是黑人，因为被征召入伍的不仅仅是黑人，都该意识到，在政府的体制下，富人的儿子上大学，穷人的儿子上战场。然后，富人的儿子大学毕业后，去做一些能让他不参军的事，直到因为年龄过大而不能被征召入伍。”[33]

✧· 21日 ·✧

1919年6月21日

加拿大温尼伯大罢工（Winnipeg General Strike）期间发生了“血腥星期六”（Bloody Saturday）事件。当3万名罢工者集结示威时，温尼伯市长宣读防暴法令以恐吓罢工者，而骑警则冲入人群，用棍棒殴打工人并开枪射击。暴力袭击导致2名罢工者死亡，迈克·索科沃尔斯基心脏中弹，迈克·谢泽巴诺维奇腿部中弹，后来死于坏疽。另有多达45人受伤，多人被捕。当时有4名东欧移民被围捕，其中2人被驱逐出境。这一天结束时，温尼伯实际上处于军事占领之下。后来，警方关停了罢工者的报纸《西部劳工新闻》（*Western Labour News*），并逮捕了撰写有关“血腥星期六”事件评论的编辑。最终，罢工被镇压。[34]

温尼伯骑警向罢工者发动袭击，1919年6月21日（维基共享资源提供）

✧· 22日 ·✧

1908年6月22日

日本东京发生了“赤旗事件”（Red Flag Incident），拉开帝国政府镇压社会主义运动的序幕。著名无政府主义者山口义三获释出狱时，人群挥舞着带有无政府主义、共产主义和革命口号的红旗，唱着共产主义歌曲迎接他。警方暴力袭击并驱散示威人群，逮捕了14名知名活动人士，他们后来都被判处长期监禁。[35]

1941 年 6 月 22 日

南斯拉夫锡萨克人民解放游击队（Sisak People's Liberation Partisan Detachment）成立，这是南斯拉夫反抗纳粹占领的第一支游击队。游击队的 79 名成员大多是克罗地亚人，还有一名叫纳达·迪米奇的塞尔维亚女性。如今，克罗地亚将 6 月 22 日定为公共假日，称为“反法西斯斗争日”（Anti-Fascist Struggle Day）。[36]

✧· 23 日 ·✧

1950 年 6 月 23 日

伦敦史密斯菲尔德肉类市场的货运司机举行了自发罢工。这场持续到 7 月的罢工遭到工党政府的谴责，政府派出军队充当工贼来破坏罢工。这只是战后工党政府动用军队镇压工人阶级运动的众多事件之一。[37]

1980 年 6 月 23 日

在被告知每天的两次茶歇将被缩短并错开后，英国伯明翰莱兰长桥工厂的 100 名喷漆工举行了罢工。罢工蔓延开来并导致工厂完全停产。据估计，Mini 和 Allegro 汽车的停产给该公司造成至少 1000 万英镑（约合 2330 万美元）的损失。10 天后，工会同意接受这家陷入困境的公司提出的“恢复计划”（Recovery Plan）中关于休息时间的部分，并要求莱兰公司进行一项研究，以确定是否有真正的理由改变工间休息政策。[38]

✧· 24 日 ·✧

1976 年 6 月 24 日

波兰政府宣布主食价格大幅上涨，随后在全国范围内爆发了罢工、抗议和骚乱。在拉多姆，示威者设置路障，并与警察发生冲突，造成 75 名警察受伤。不到 24 小时，涨价提议被撤回。[39]

1980 年 6 月 24 日

萨尔瓦多爆发为期两天的大罢工，抗议美国支持的军事独裁政权及其平叛敢死队。85% 的经济部门被关闭，8 万人走上街头。[40]

25 日

1878 年 6 月 25 日

在土著美拉尼西亚战士于拉福亚地区杀害了 4 名法国殖民警察和大多数欧洲定居者后，新喀里多尼亚的卡纳克爆发了起义。随着袭击的升级和蔓延，法国军队积极采取行动镇压起义，在 12 月取得胜利前，杀害了多达 5% 的卡纳克人，许多酋长未经审判就被处决，许多部落被驱逐到其他岛屿。尽管如此，法国的殖民化计划却几乎停止了 20 年。

无政府主义者路易丝·米歇尔与其他数千名巴黎公社的被驱逐者一起被关押在新喀里多尼亚，她是少数支持起义的白人之一。她把巴黎起义中她最珍贵的红领巾送给了两名美拉尼西亚战士。[41]

26 日

1950 年 6 月 26 日

作为“文化冷战”的第一部分，美国中央情报局（CIA）成立国际艺术组织“文化自由大会”（CCF）。该组织是中央情报局试图推动艺术以对抗日益流行的社会主义现实主义的众多方式之一。抽象表现主义是受益于这种支持的主要艺术运动之一。当中央情报局支持的消息在 1966 年被披露时，该项目宣告失败。[42]

1993 年 6 月 26 日

伊利诺伊州迪凯特地区 4000 名工人走上街头，其中包括一直致力于反对实施新合同的 A.E. 斯塔利公司工人，加入了罢工煤矿工人和在整个中西部怠工的卡特彼勒工人的抗议活动行列。

第二天，A.E. 斯塔利公司将近 800 名生产工人拒之门外，试图迫使他们从 8 小时轮班制改为 12 小时轮班制，这引发了一场巨大的斗争，直到 1995 年 12 月才结束。当时，在遭到联合造纸工人国际联盟（UPIU）领导层的背叛后，大多数罢工者投票接受了这份合同。一些工会成员对这一结果非常愤怒，以至于 A.E. 斯塔利公司要求公司保安和警察保护当地工会主席吉姆·希纳尔。

与此同时，卡特彼勒的工人也进行了长达 17 个月的罢工，直到美国汽车工人联合会因失败而取消行动。在 10 个月的罢工失败后，迪凯特和其他四家工厂的工人也被迫接受 12 小时轮班制。[43]

27 日

1905 年 6 月 27 日

世界产业工人联盟在美国芝加哥的一次大会上成立，创始人包括尤金·V. 德布斯、琼斯妈妈、露西·帕森斯和大比尔·海伍德。

作为该国最早的多种族工会之一，世界产业工人联盟倡导所有工人联合成一个大工会并增加在社会事务上的话语权。它将美国大量的零散的工人组织起来，并为数十万名被雇主野蛮镇压的工人，以及被殴打、监禁和谋杀的工人运动组织者赢得了巨大的改善。联盟还发展到其他国家，包括智利、澳大利亚和南非。虽然今天的联盟规模比以前小得多，但它仍然存在，其成员也仍活跃于许多工人运动的项目中。[44]

1936年6月27日

苏联推翻了1920年布尔什维克颁布的保护妇女健康法令（Decree on the Protection of Women's Health），该法令明确堕胎合法，并赋予妇女许多生育权利。新法律禁止除母亲生命受到威胁或患有严重遗传性疾病情况外的所有堕胎，提供堕胎的医生和寻求堕胎的妇女都被新法律定为犯罪。虽然辩称早先将堕胎合法化的决定是正确的，但苏共声称，"只有在社会主义条件下，只有在妇女作为社会平等成员的地方，妇女才有可能通过禁止性法律和其他手段认真组织反对堕胎的斗争"。

世界产业工人联盟在纽约的抗议活动（维基共享资源提供）

在一系列饥荒之后，政府热衷于人口增长，苏共开始更加强调家庭单位的重要性。该堕胎禁令一直持续到1953年约瑟夫·斯大林去世。[45]

28日

1976年6月28日

乌拉圭教师、无政府主义者、军事独裁的反对者埃琳娜·昆特罗斯逃离了军方拘留后在委内瑞拉大使馆被绑架。昆特罗斯是乌拉圭无政府主义者联合会（FAU）的成员，她逃离了军队的押解，跳进了大使馆的围墙，请求庇护。大使馆工作人员试图帮助她，但追捕的士兵们抓住了她，随后发生了一场激烈的拉锯战，她的腿被打断了。最后，部队设法将她拖走并送往军事酷刑中心，她在那里“失踪”了。委内瑞拉大使要求让昆特罗斯回国，但遭到拒绝，引发了一场重大外交事件——委内瑞拉与乌拉圭断绝外交关系。[46]

29 日

1892 年 6 月 29 日

宾夕法尼亚州霍姆斯特德·卡内基钢铁厂的工人因拒绝接受新的生产需求而被拒之门外。安德鲁·卡内基决心破坏钢铁工人联合会（AA），该协会是由工厂技术工人组成的工会组织。他的工厂经理亨利·克莱·弗里克将工会工人关在门外，然后于 7 月 2 日解雇了他们，缺乏技能的非工会工人随后罢工以示抗议。

弗里克带来了 300 名武装私人侦探来破坏罢工。武装分子杀死了 9 名罢工者，但最终被 1 万名工人（其中许多人携带武器）击退。工人们一直坚持到 11 月，直到州长调来 8000 名民兵护送工贼进入工厂。这次失败基本上摧毁了工会，并使卡内基得以实施减薪和延长工作时间方案。[47]

1936 年 6 月 29 日

在新墨西哥州盖洛普的一次罢工之后，包括耶斯·帕拉雷斯在内的 100 名墨西哥裔美国矿工被作为“不受欢迎的外国人”驱逐出境。帕拉雷斯帮助组织了 8000 名矿工加入西班牙语工人联盟（League of Spanish-Speaking Workers）。

1935 年，盖洛普的矿工，包括西班牙语工人联盟的成员，举行了罢工。为了镇压罢工，政府宣布了为期六个月的戒严令。数百名矿工及其家人被逐出家园，2 名矿工被警方杀害，还有包括帕拉雷斯在内的许多人被捕，有几十人后来被驱逐出美国。[48]

·30日·

1977年6月30日

印度法里达巴德发生了反对警察镇压的暴乱和大规模罢工。数千名工厂工人放下工具，关闭了当地工业，以抗议法里达巴德一家主要公司的维修工头哈纳姆·辛格在警方拘留期间死亡。法里达巴德的许多地方发生了暴力事件，前往首都的车辆遭到石块袭击、抢劫和焚烧。据其同事描述，辛格是在工厂里被警察拷打致死的，当时有总经理、一名警察副督察和一些其他公司高管在场。[49]

7 月

✢· 1 日 ·✢

1944 年 7 月 1 日

一场大罢工迫使危地马拉独裁者豪尔赫·乌维科下台，社会民主主义政府成立。[1]

✢· 2 日 ·✢

1986 年 7 月 2 日

智利工人开始了为期两天的大罢工，抗议奥古斯托·皮诺切特将军的军事统治。[2]

✢· 3 日 ·✢

1981 年 7 月 3 日

在伦敦南沙尔，一个南亚人口众多的地区，种族主义光头党在汉布罗酒馆观看演出时袭击亚裔人，从而引发了骚乱。他们袭击了一名亚裔妇女，砸碎了亚裔商店的窗户，并寻找亚裔家庭进行袭击。警方没有采取行动，因此亚裔社区向种族主义者发起了自卫斗争。他们最终不得不同时与法西斯分子和警察作战。直至深夜，酒馆被烧为平地，约 60 名警察受伤，33 人被捕。[3]

4日

1776 年 7 月 4 日

由 13 个美国殖民地组成的大陆会议（Continental Congress）在美国独立战争（American Revolution）中宣布脱离英国而独立。尽管《独立宣言》（*Declaration of Independence*）中有关于所有“人”都是“平等的”并拥有某些“不可剥夺的权利”的激烈言辞，但新的自由并不适用于所有人。奴隶制持续了近一个世纪，对美洲原住民的种族灭绝行动也加快了速度，新的美国政府将像曾经的英国一样，入侵、征服或推翻许多其他国家的民选政府。[4]

5日

1888 年 7 月 5 日

在伦敦东部的布莱恩特和梅火柴工厂工作的 1400 名女工举行了罢工，声援一名因批评工厂恶劣条件而被解雇的工人。管理层很快提出让工人返岗，但遭到罢工者的拒绝，直到管理层同意作出一些其他让步，包括终止不公平地克扣工资。[5]

布莱恩特和梅火柴工厂罢工委员会，以及当地活动人士赫伯特·布伦斯和安妮·贝桑特（后排居中）（维基共享资源提供）

✣· 6日 ·✣

1934 年 7 月 6 日

来自特立尼达库瓦两个种植园的 800 名工人在管理人员办公室前示威，抱怨工作机会不多。当警察试图让抗议者离开，而工人以抢劫作为回应时，暴力事件爆发了。骚乱蔓延到其他种植园，2 名老板遭到袭击，一家公司总部被投掷石块并纵火，英国殖民警察逮捕了 12 名示威者。[6]

✣· 7日 ·✣

1912 年 7 月 7 日

路易斯安那州发生格拉博大屠杀，造成 4 人死亡、50 人受伤。世界产业工人联盟下属的木材工人兄弟会（BTW）举行罢工期间，几十名木材工人在格拉博的加洛韦家族拥有的工厂外示威。当工会组织者 A.L. 爱默生开始讲话时，一名男子从办公室走出来向他开枪，击中了爱默生的帽檐。随后，更多的枪声响起，枪击持续了 15 分钟，其间开了大约 300 枪。

没有一名老板受到指控，但大多数罢工者都被逮捕，并以暴乱、谋杀这样的严重罪名受到了审判。后来，工会交涉取得了重大胜利，所有工人都被无罪释放。[7]

1999 年 7 月 7 日

当 100 名工人发现他们前三周的工资没有到账时，300 名建筑工人在伦敦市中心的一个建筑工地举行抗议，迫使工地停工。这次罢工使英国工人与来自东欧和西欧国家的同事团结起来，因为他们要回了大部分未付工资。[8]

8日

1968年7月8日

一个新的黑人工人团体道奇革命联盟运动组织数千名工人在底特律道奇汽车厂举行罢工，抗议美国汽车工人联合会的种族歧视。[9]

9日

1919年7月9日

宾夕法尼亚州阿伦敦的调酒师举行罢工，以向市民展示即将出台的禁酒令的“恐怖”。成千上万名工人以“没有啤酒不工作”为名发起了一场运动，旨在通过罢工行动阻止禁酒令出台。[10]

1959年7月9日

在以色列海法，警方开枪打伤了米兹拉希犹太移民雅科夫·埃尔卡里夫，引发了“瓦迪萨利布骚乱”（Wadi Salib Riots）。这里原本是一个富裕的巴勒斯坦社区，1949年被以色列政府基本摧毁，绝大多数阿拉伯人被迫逃离。来自北非和中东的贫穷犹太人被转移到遗弃和拥挤的房屋中，并被告知这只是临时居住地，接下来会得到安置，然而这些承诺一直没有兑现。德系犹太人建制派认为他们低人一等，因此忽视了他们，使他们陷入贫困，并生活在高犯罪率的环境里。7月10日，也就是杀戮发生的第二天，他们积压多年的怒火爆发了。当地居民在警察局外抗议，最终开始与警察发生冲突，烧毁汽车，抢劫商店。第二天，包括提比利亚在内的其他北非人口众多的城市也爆发了骚乱。[11]

10 日

1914 年 7 月 10 日

27 岁的妇女参政权活动家罗达・弗莱明在苏格兰珀斯跳上了国王和王后豪华轿车的踏板，并试图打破车窗。媒体将这次行动描述为“妇女选举权运动历史上最大胆的一次”。[12]

1985 年 7 月 10 日

法国情报机构在新西兰奥克兰港炸毁了绿色和平组织的“彩虹勇士”（Rainbow Warrior）号船，导致摄影师费尔南多・佩雷拉身亡，这艘船正前往法国抗议核试验。法国最初否认对此事件负责，但新西兰警方逮捕了其中 2 名特工并指控他们犯有谋杀罪。最终，他们因过失杀人罪被判处十年监禁，但法国政府仅在两年后就帮他们重获自由。[13]

11 日

1917 年 7 月 11 日

在巴西圣保罗，警察将 21 岁的鞋匠何塞・马丁内斯（在一些资料中称他为安东尼奥・马丁内斯）殴打致死，他恰好是工人抗议高生活成本示威游行的旁观者，警察后来又用剑袭击了他庞大的送葬队伍。作为回应，工人们在全城发起暴动，第二天有 1.25 万人罢工，第三天又有 5000 人加入，停工随后发展为总罢工。工人们同意只有在普遍加薪 10% 的条件下才重返工作岗位。[14]

1937 年 7 月 11 日

参与西班牙内战抗击法西斯势力的日裔美籍厨师杰克・白井在战斗中阵亡。他是美国亚伯拉罕・林肯军队的一名志愿者，在志愿为饥饿的部队运送物资时被枪杀。那天晚上，他被安葬在非裔美国志愿者奥利弗·劳旁边。[15]

杰克·白井在西班牙（亚伯拉罕·林肯军队档案馆提供）

12日

1917年7月12日

世界产业工人联盟1000多名参加罢工的铜矿工人被武装警察从亚利桑那州比斯比非法驱逐到新墨西哥州。[16]

13日

1948年7月13日

日本将《优生保护法》提交国会讨论。该法案由社会党提交，将堕胎和某些类型的避孕措施合法化，但其主要条款是大幅增加针对残疾人的绝育手术，以防止所谓“劣质”儿童的出生。

在接下来的半个世纪里，将近1.7万人被强制绝育，其中大部分是女性，有的年仅9岁。另有8000人在“同意”的情况下被绝育，尽管实际上他们可能是在当局的压力下同意的。许多被诊断出患有心理健康问题或“遗传性智障者”等问题的人被绝育。近6万名妇女因所谓的“遗传性”疾病而堕胎。

该法律直到1996年才被推翻，2019年政府向幸存的受害者支付了极少的赔偿金。[17]

1976年7月13日

一支由乌拉圭和阿根廷士兵组成的队伍绑架了乌拉圭无政府主义者萨拉·门德斯和她的一位朋友。她在一个由美国支持的独裁者管理的酷刑营中醒来，但无法找到她尚在襁褓中的儿子，孩子从她身边被带走并被收养，直到 2002 年母子才得以团聚。[18]

⊹· 14 日 ·⊹

1970 年 7 月 14 日

波多黎各激进团体“青年贵族”（Young Lords）占领了林肯医院的行政主楼，以回应纽约市对南布朗克斯区波多黎各人和非裔美国人“健康需求的”漠不关心，以及林肯医院医疗保健服务的恶劣条件。

青年勋爵在林肯医院的行动是该组织围绕东哈莱姆地区公共卫生问题行动的延伸。他们的健康行动包括“垃圾运动”——抗议不规范的卫生服务、“贫困儿童早餐计划”、“铅运动”——与开明的护士、医疗技术人员和医生合作，挨家挨户开展医疗家访，检查当地儿童铅中毒情况和成人的肺结核情况，并接管了一辆在城市运营的结核病卡车。[19]

2011 年 7 月 14 日

以色列“帐篷抗议”运动开始。达芙妮·里夫发现自己实在买不起公寓，于是在特拉维夫市中心搭起帐篷。24 小时内，数十人加入了她的行列，在随后的两周里，一场针对房价、高生活成本和社会不平等的全国性抗议运动开始了。[20]

⊹· 15 日 ·⊹

2009 年 7 月 15 日

为 2010 年南非世界杯修建体育场馆的建筑工人赢得了加薪罢工。一周多前，7 万名工人举行了无限期罢工，要求增加 13% 的工资，声称如果有必要，他们将罢工到 2011 年。建筑工人们最终获得了 12% 的加薪。[21]

16 日

1977 年 7 月 16 日

家政工人丽塔·沃德在英格兰北安普敦总医院卧床不起。由于胆结石的疼痛，她已经等了 18 个月的手术，并被告知她需要再等一年。医院称，如果她能支付 500 英镑（约 875 美元）的私人治疗费用，她在第二天就可以手术。因此，在医院工作人员的支持下，丽塔卧床拒绝离开，直到得到治疗。医院管理层屈服了，几天后在不延迟其他任何手术的条件下，给丽塔安排了手术。[22]

1978 年 7 月 16 日

在伦敦最大的孟加拉社区布里克巷和贝纳尔格林路的拐角处，发生了一场大规模的反种族主义静坐抗议，试图阻止法西斯民族阵线文学作品的出售。[23]

17 日

1978 年 7 月 17 日

哈克尼和陶尔哈姆莱茨防御委员会（Hackney and Tower Hamlets Defense Committee）组织了为期一天的反对种族主义袭击罢工，使伦敦陶尔哈姆莱茨区陷入停顿。来自罗伯特·蒙蒂菲奥雷学校的 400 名以英国亚裔为主的学生加入了罢工者的行列，抗议学校内外的种族主义暴力。[24]

18日

1917年7月18日

里约热内卢的一名家具厂工人得知圣保罗发生罢工后离开了工作岗位，他的两位同事也加入了他的行列。到下午，已有150名工人罢工，到第二天，5家工厂的工人开始罢工，各厂罢工如雨后春笋般相继出现。7月22日，工人们举行了一次总罢工，要求每天最多工作8小时，加薪20%。数万名金属加工工人参加了罢工，导致工业生产停摆。政府宣布实行戒严，但未能使罢工工人屈服，雇主于次月让步，与工人达成和解。[25]

19日

1958年7月19日

堪萨斯州威奇托市发生了一场美国民权运动早期关键的一次成功的静坐抗议。一群黑人学生在多卡姆商店的白人专柜前静坐抗议种族隔离。这样做的目的是阻碍销售，并造成商店足够的经济损失，从而使种族隔离政策得以废除。面对警察和白人种族主义者的反复骚扰，他们用棍棒、刀具和枪支来保护自己，尽管这些武器到最后也没用上。23天后，店主屈服了，取消了整个连锁店的种族隔离。

虽然全国有色人种进步协会（NAACP）最初并不支持静坐，但在威奇托成功后，它采取了这一策略，迫使许多州取消了午餐柜台的种族隔离。[26]

1984年7月19日

爱尔兰都柏林邓恩斯商店举行反种族隔离罢工。店员玛丽·曼宁拒绝给一位顾客的南非水果结账，因为她所在的爱尔兰分销和管理联盟（IDATU）的成员投票决定不经营南非商品。曼宁被停职，她和 11 名同事举行了罢工以示抗议。罢工令人难以置信地持续了三年，直到爱尔兰政府对南非产品颁布禁令后才结束。[27]

20日

1943 年 7 月 20 日

索比博尔灭绝营“野外突击队”的 2 名犹太囚犯袭击了乌克兰警卫，并鼓励其他囚犯逃跑。“野外突击队”由 20 名波兰人和 20 名荷兰犹太人组成，他们砍伐树木、挖掘树桩，为火葬场提供木材。什洛莫·波德勒尼克和约瑟夫·科普夫用波德勒尼克靴子里的刀发起了这次越狱。几名波兰囚犯成功逃脱。科普夫和利希特在逃跑后分别被波兰反犹分子杀害，其他人在战争中幸存了下来。

这次越狱事件后，只有不会说波兰语且不了解乡村的荷兰犹太人才会被分配到灭绝营的“野外突击队”。[28]

1979 年 7 月 20 日

美国原住民政治犯莱昂纳德·佩尔蒂埃和另外两名在押人员从加利福尼亚州的隆波克联邦惩教所逃走，其中一名囚犯鲍比·吉恩·加西亚被警卫枪杀。佩尔蒂埃是美国印第安人运动的主要成员，因两名联邦调查局特工的死亡而被判处连续两次

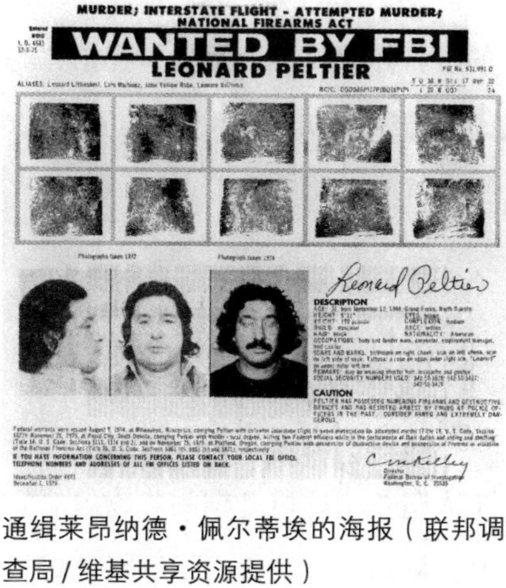

通缉莱昂纳德·佩尔蒂埃的海报（联邦调查局 / 维基共享资源提供）

终身监禁。他曾被印第安囚犯“站立的鹿”（又名罗伯特·威尔逊）警告要坐一辈子牢。

佩尔蒂埃最初的审判充满了矛盾和歪曲。例如，一名联邦调查局的弹道学专家在审判期间声称，在尸体附近发现的一个弹壳与佩尔蒂埃的步枪相匹配，但他所叙述的子弹与弹道不匹配的这份报告最终并没有向陪审团提交。三名指认佩尔蒂埃在犯罪现场附近的目击证人后来又撤回了证词，称联邦调查局将他们绑在椅子上，强迫他们作证。法律不端行为如此严重，以至于佩尔蒂埃得到了纳尔逊·曼德拉、德斯蒙德·图图大主教、欧洲议会（European Parliament）和联合国人权事务专员（United Nations Commissioner for Human Rights）等各种个人和团体的支持。

三天后，佩尔蒂埃被再次抓获。[29]

21 日

1945 年 7 月 21 日

爱尔兰妇女工会（IWWU）的洗衣工举行罢工，要求增加一周的带薪休假。罢工影响了都柏林的许多酒店，但医院洗衣工人没有参加罢工行动。这次罢工持续了 14 周，最终以女工获胜告终。次年，政府同意所有工人每年享有两周的带薪假期。[30]

22 日

1920 年 7 月 22 日

政府军突袭了世界产业工人联盟圣地亚哥总部，试图破坏海事工人阻止国内饥荒期间谷物出口的罢工。这次罢工已经持续了 3 个月。随后，智利爆发了一场针对无政府主义者的全面镇压运动，但这并没有阻止世界产业工人联盟 1923 年组织进一步的海上罢工。[31]

2005 年 7 月 22 日

汤加王国的公务员举行罢工，要求加薪 60%—90%。这次罢工使政府实际上陷入停摆，并迅速使许多其他公共部门的雇员加入罢工行列，最终成为汤加历史上对君主制的最大挑战。罢工工人赢得了加薪，并迫使政府开始自我改革。[32]

23 日

1918 年 7 月 23 日

日本爆发了反对高粮价的"大米暴动"。这场暴动的范围、规模和暴力程度前所未有。[33]

1967 年 7 月 23 日

美国底特律发生了暴乱。警方在凌晨来到一个贫穷非裔聚集区，突袭了一家酒吧，黑人和白人居民在街上与警察搏斗并抢劫货物，而狙击手从窗户向警察开枪。这次暴乱以 40 多人死亡、7000 多人被捕和 2000 多栋建筑物被毁而告终。[34]

24 日

1777 年 7 月 24 日

波士顿一群工人阶级妇女从一个名叫托马斯·博伊尔斯顿的小贩手中抢了咖啡。这是美国独立战争期间发生的数十起食品骚乱之一，这些骚乱主要发生在北部、马里兰州和弗吉尼亚州。其中大约三分之一是由女性组织的。[35]

25日

1867年7月25日

德国共产党人卡尔·马克思为他的杰作《资本论》（*Das Kapital*）的德文第一版写了序言。这本著作至今仍然是有史以来对资本主义制度最具决定性和洞察力的批评。[36]

1972年7月25日

美国政府承认参与了塔斯基吉梅毒实验。这是一项针对亚拉巴马州贫困的黑人农业工人进行的长达40年的可怕研究，他们患有梅毒但未被告知。许多人因此死亡，妇女和儿童也感染了这种疾病。政府承认向媒体泄露了有关该项目的信息，由此引发的公愤迫使联邦政府出台法规，保护医学试验中的人体受试者。[37]

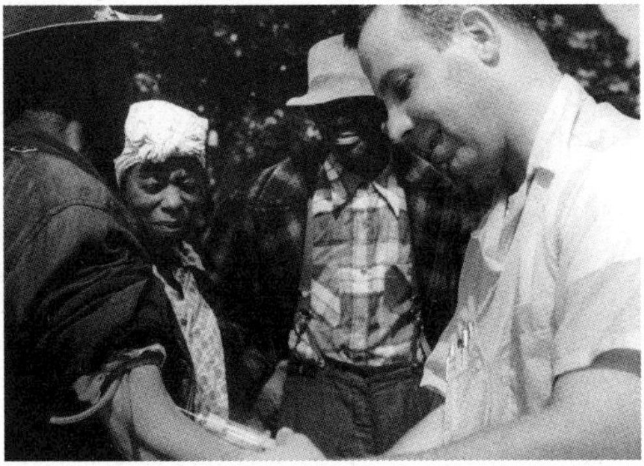

一名医生从患者身上抽血做研究（亚特兰大国家档案馆/维基共享资源提供）

26日

1937年7月26日

巴巴多斯的英国当局秘密将试图成立工会的工人克莱门特·佩

恩驱逐到特立尼达，在那里，警察正等着以持有违禁文献的罪名逮捕他。他最初被指控故意谎称自己出生在巴巴多斯，然而他不知道，他实际上出生在特立尼达，他的父母是巴巴多斯人。他对判决提出了上诉，尽管上诉成功，他还是被驱逐出了这个岛。为此，工人发动了持续数天的暴动和罢工。[38]

1950 年 7 月 26 日

韩国发生了老根里大屠杀（No Gun Ri），美国地面部队杀害了 100—300 名韩国平民。[39]

27 日

1816 年 7 月 27 日

佛罗里达阿巴拉契科河上的一座堡垒遭到美军的炮火轰炸。这座堡垒为 300 多个布莱克和乔克托家庭提供了家园和安全保障，这标志着塞米诺尔战争的开始和美国对佛罗里达的最终征服。[40]

1933 年 7 月 27 日

哈瓦那的巴士司机开始罢工，其他行业司机也很快进行罢工声援。动荡最终导致古巴工人大罢工和学生罢课，使国家陷入瘫痪，并迫使残暴的独裁者格拉尔多·马查多下台。

马查多在最后一刻与工会领导人和古巴共产党中央委员会达成协议，声称如果他们结束罢工，他们将被合法化并获得政府支持，但该协议被工人拒绝。警察杀死了 20 名示威者，罢工仍在继续。8 月 9 日，军方决定停止支持马查多，两天后他的政府垮台。[41]

28日

1932年7月28日

当第一次世界大战的退伍军人游行要求得到承诺给他们的战时奖金时，美国政府派配备坦克、固定刺刀、催泪瓦斯和军刀的军队袭击退伍军人及其家人，造成3人死亡。

战时奖金原定于1945年支付，但当大萧条来袭时，许多退伍军人陷入贫困，他们决定要求提前支付。多达2.5万名退伍军人，包括黑人和白人，组成了一支“奖金军”，在华盛顿特区安营扎寨。乔治·巴顿少校曾被一名抗议者救过命，但他仍建议部队用刺刀刺杀大量抗议者，以此作为“教训”。[42]

29日

1910年7月29日

在得克萨斯州斯洛库姆，以非裔美国人为主的公民在一场旨在维护白人经济霸权的恐怖行动中遭到屠杀。数百名武装的白人种族主义者袭击了该镇，枪杀了躲在家里、正在工作或试图逃跑的黑人。在大屠杀和黑人居民离开后，种族主义者抢走了他们的房屋和财产。直到今天，这座小镇仍然以白人为主。[43]

30日

1766年7月30日

墨西哥雷亚尔德尔蒙特的银矿工人举行罢工，反对削减25%的工资，这是北美历史上第一次记录在案的针对雇主的罢工。罢工者顶住了西班牙殖民老板的私人军队的镇压，罢工一直持续到9

月，直到雇主们让步才结束。[44]

1913年7月30日

巴塞罗那的2万名纺织工人（主要是妇女和儿童）举行罢工，抗议低工资和长工时。女性罢工者剪掉工贼的头发，将他们标记为叛徒。罢工一直持续到9月15日，直到州长宣布每周工作时长最多60小时才结束。[45]

31日

1945年7月31日

英国新当选的工党政府向伦敦的萨里码头派遣了600名应征士兵，试图打破码头工人要求加薪的怠工。《每日电讯报》（*Telegraph*）的一名记者描述了怠工的情形：

> “他们做的每一件事都不慌不忙，看上去很小心翼翼。有证据表明他们的行动是有计划的。的确，起重机在工作，货物正从码头边运到船上，但整个过程都弥漫着一种悠然自在的气氛。我很快就明白了原因。此刻，一袋袋的糖正在用吊索运上船。有人告诉我，这里的吊索一次只承载4袋，而平时一般是12袋。”[46]

8 月

1 日

1917 年 8 月 1 日

弗兰克·利特尔（维基共享资源提供）

世界产业工人联盟成员、切诺基混血儿弗兰克·利特尔在蒙大拿州布特组织矿工罢工时被残忍杀害。利特尔曾从亚利桑那州前往蒙大拿州，支持 1.7 万名铜矿工人对包括阿纳康达矿业公司在内的矿主发起的罢工。在当地媒体发布罢工活动的威胁后，6 名蒙面男子在利特尔的寄宿公寓绑架了他，将他捆到车后拖行，然后殴打他并将他吊死在铁路桥上。大多数历史学家认为阿纳康达雇佣杀手杀了他。[1]

1938 年 8 月 1 日

夏威夷警察向一群手无寸铁的罢工码头工人开火，制造了希洛大屠杀事件。来自不同工会和不同种族的码头工人联合起来，举行了一系列罢工，要求与美国西海岸的码头工人同工同酬。8 月 1

日，200名工人聚集在一起抗议一艘汽船的到港，警察袭击抗议人员并开枪，造成在场四分之一的人员受伤。[2]

✧· 2日 ·✧

1944年8月2日

奥斯威辛集中营的大约4000名罗姆人和辛提人拒绝被带到毒气室。党卫军蜂拥进入罗姆集中营，但囚犯们用棒子和撬棍武装自己，关起门与纳粹进行了激烈的战斗。据报道，这一抵抗行为最初发生在当年的5月16日，这一天被定为每年的罗姆人抵抗日。[3]

1980年8月2日

一枚定时炸弹在博洛尼亚火车站的候车室爆炸，造成85人死亡、200多人受伤。[4]

爆炸后的博洛尼亚火车站（维基共享资源提供）

✧· 3日 ·✧

1929年8月3日

洛杉矶郊外一个由社会主义者组织的儿童夏令营遭到突袭，6

名年轻女性和 1 名男性被捕。这次突袭是由美国退伍军人协会的成员在地方检察官领导下进行的。被捕者之一，19 岁的共产党人耶塔·斯特隆伯格后来与其他 5 名女性一起因持有红旗而被定罪并入狱。斯特隆伯格被判处 1—10 年监禁，其他被告被判处在圣昆廷州立监狱服刑 6 个月—5 年不等。那个被判有罪的男性是“一战”老兵伊莎多尔·伯克维茨，他在判决后上吊自杀。

加利福尼亚是 1919 年美国禁止悬挂红色社会主义或黑色无政府主义旗帜的二十四州之一，违反这一规定通常会被判处 10 年或更长时间的监禁。斯特隆伯格最终向最高法院提起诉讼，1931 年，最高法院推翻了这项禁令，因为它违反了保障言论自由权利的第一修正案。[5]

4 日

2011 年 8 月 4 日

在智利，要求进行教育改革的群众运动大幅升级，抗议者与安全部队发生暴力冲突。这场从 5 月开始的抗议活动的主要诉求是：国家对教育提供更多的支持；改善学校以使更多较贫穷的智利人能够接受高等教育；满足土著马普切学生的需求。

8 月 4 日，试图在首都圣地亚哥总统府游行的罢课学生遭到防暴警察的袭击。作为回应，整个城市爆发了骚乱，道路被封锁，暴力事件广泛发生，包括一家名为“南极星”的零售店因收取过高利率而被纵火焚烧。

截至当天结束时，已有 874 人被捕。尽管如此，在接下来的几个月里，抗议活动明显升级，尽管政府确实提出将做出某些让步，比如提供低息学生贷款，但人们的不满情绪仍然延续。[6]

2011年8月4日

6个孩子的父亲、29岁的黑人马克·杜根被伦敦警察厅警察开枪击毙。事件发生时，据负责调查警察不当行为的独立警察投诉委员会（IPCC）称，杜根向一名警察开枪，但子弹击中了警用对讲机，警察幸免于难。后来事实很明显，独立警察投诉委员会在撒谎，事实是杜根从未开枪，而那名警察是被他的同事开枪击中的。尽管如此，独立警察投诉委员会仍然掌管负责调查杜根死因的权力。作为对这起杀戮的回应，英国各地爆发了数天的骚乱，这是英国“黑人的命也是命”（Black Lives Matter）运动的先驱。[7]

5日

1964年8月5日

在“情报”报告北越袭击美国船只后，美国开始在“皮尔斯之箭”行动（Operation Pierce Arrow）中轰炸北越。这些报告后来被证明是假的。

在越南战争期间，美军向越南、柬埔寨和老挝投下数亿枚炸弹，造成大量人员死亡。未爆炸的弹药每年都在该地区继续造成人员伤亡。[8]

1981年8月5日

仅仅两天的罢工之后，11345名联邦空中交通管制员就被作为前工会领导人的美国总统罗纳德·里根解雇了，原因是这些人拒绝里根总统的复工命令。这些工人被终身禁止为联邦政府服务（这一禁令在10多年后被解除），他们的工会在10月下旬被合法解散。军方的空中交通管制员替代了他们的工作，直到新员工完成培训。[9]

6日

1970 年 8 月 6 日

作为反主流文化的激进青年，约 300 名“青年国际党”（Youth International Party）成员闯入迪士尼乐园，抗议越南战争，并呼吁将“米妮老鼠”从父权的束缚中解放出来。迪士尼为这场戏剧性的“大会”额外增加了安保人员和 150 名武装防暴警察。这些年轻人进行了一些挑衅行为，包括征用一艘木筏入侵“荒野堡”（园内游乐设施）、在“美国主街”（园内主要街道）上跳蛇舞，以及在公园内的美国银行分行外示威。后来他们中的一些人被捕，其余的被驱逐出公园。[10]

7日

1842 年 8 月 7 日

由宪章运动组织的 1.8 万名工人参加的群众大会在英国举行。他们决定从第二天开始举行大罢工，要求男性普选权。[11]

宪章运动中的群众集会（威廉・爱德华・基尔伯恩摄影，维基共享资源提供）

1900年8月7日

由里卡多·弗洛雷斯·马贡共同创办的墨西哥激进报纸《再生》(*Regeneración*)创刊号出版。[12]

报纸《再生》(维基共享资源提供)

⊹· 8日 ·⊹

1845年8月8日

英国议会通过了一项圈地法案，取消了公共土地并任命了圈地专员，他们可以在不向议会提出申请的情况下进行圈地。从17世纪到20世纪，英国政府通过了5000多项圈地法案，圈围了680万英亩公众以前有权使用的公共土地。[13]

⊹· 9日 ·⊹

1956年8月9日

在南非比勒陀利亚，2万名妇女游行反对通过的种族隔离法，因为该法限制了黑人和印度人的行动自由。这次由南非妇女联合会(FEDSAW)组织的示威活动递交了一份有10万人签名的反对该法的请愿书，参与者们高唱着“Wathint'abafazi Wathint'imbokodo”，意思是“任凭风吹浪打，妇女坚如磐石”。这次抗议活动在全国掀起了长达两年多的非暴力反抗浪潮，在此期间，数千名妇女被捕，直到非洲国民大会(African National Congress)领导层惊慌失措，取消了逮捕行动。为纪念这一天，南非将8月9日确立为妇女节。[14]

1970 年 8 月 9 日

抗议红树林餐厅袭击（美国国家档案馆提供）

包括英国黑豹党成员在内的 150 人到当地警察局游行，要求警方停止对诺丁山红树林加勒比餐厅的袭击。包括作家达库斯·哈维在内的 9 人被捕并被指控阴谋煽动骚乱。所有人后来都被无罪释放。[15]

10 日

2005 年 8 月 10 日

伦敦盖特美食纠纷事件发生。英国航空公司将其航空餐食的生产外包给盖特美食公司。这家公司员工主要是亚洲女性，公司削减了工人工资，使工作条件变得更差。为了进一步破坏工作条件，该公司还引进了数百名派遣工做固定雇员的工作。

看到派遣工在他们平时的岗位上工作，工人们聚集在食堂里，讨论并抗议正在发生的事情，作为回应，盖特美食公司解雇了 700 多名员工。英国航空公司的行李搬运工以一种在这个时代不寻常的团结姿态，自发组织了一场同情罢工，使希思罗机场完全关闭了 48 小时。但是他们所属的运输和普通工人工会却命令他们回去工作。

尽管被解雇的工人设置了纠察线，但工会官员与老板达成协议，要求一些工人返岗，尽管当时的工作条件比他们当初反对的更糟糕。许多工人一直抗争到次年4月，但工会拒绝认可他们的行动，工人们的抗争最终失败。[16]

11日

1965年8月11日

在洛杉矶警察逮捕一名年轻的黑人司机时发生争执后，洛杉矶瓦茨社区爆发了为期6天的暴乱，发生了大规模抢劫和反警察暴力事件。[17]

1984年8月11日

在矿工大罢工期间，矿工的妻子等人成立了“妇女反对矿井关闭组织”（WAPC），该组织在帮助矿工坚持更为持久的罢工活动方面发挥了关键作用。[18]

13日

1973年8月13日

在美属维尔京群岛，5名支持独立的黑人活动人士被判处8个连续无期徒刑。

8名美国游客在洛克菲勒名下的喷泉谷高尔夫球场被杀后，美国殖民当局逮捕了数十名黑人，并对其中5人施加酷刑，试图让他们招供。

虽然陪审团在审判后陷入僵局，但9名陪审员作证说，在审议过程中，他们受到了联邦调查局对他们自己和家人调查的威胁。这位法官曾是洛克菲勒家族的私人律师和高尔夫球场的律师，他拒绝宣布审判无效，迫使陪审团作出有罪判决。

其中一名被判有罪的人伊斯梅尔·拉比特后来在被转移到另一

所监狱时劫持了一架飞机，并驾驶飞机飞往古巴。他被监禁了一段时间，现在自由了。[19]

1977年8月13日

在后来被称为路易沙姆之战（Battle of Lewisham）的战役中，伦敦南部的居民和反法西斯分子与警察和国民阵线成员展开了激烈的战斗，以阻止一场法西斯集会示威。[20]

14日

1889年8月14日

伦敦码头大罢工开始，西印度码头的工人罢工并号召其他人加入他们的行列。不到两周就有13万人罢工，码头工人的妻子们在罢工期间还组织了一次租金罢工。包括犹太裁缝在内的其他工人也举行了罢工，提出了自己的要求。

罢工者群众大会（维基共享资源提供）

澳大利亚码头工人捐款支持他们的英国同事，四个星期后，雇主屈服并同意了工人几乎所有的要求。

工人们受到了上一年在布莱恩特和梅的“火柴女孩”（Match Girls）罢工的启发。这场争端标志着英国工人阶级历史上的一个转折点，即码头工人这样没有组织的临时工受到鼓舞，他们自己组织起来并开始赢得胜利。[21]

1943 年 8 月 14 日

阮安宁（维基共享资源提供）

越南革命家阮安宁因鼓动工人和农民反抗法国殖民政权而入狱。[22]

✧· 15 日 ·✧

1947 年 8 月 15 日

印度脱离英国的统治而独立。在离开印度的同时，英国还将该国分为两个独立的国家：印度教人口占多数的印度和穆斯林人口占多数的巴基斯坦。[23]

1961 年 8 月 15 日

在北卡罗来纳州门罗市，全国有色人种协进会的一个地方团体向该市的市政委员会委员提出了关于种族平等的十项计划。

面对在警察勾结下发生的大规模种族主义暴力，许多黑人居民拿起武器自卫。其中一位是海军陆战队老兵、协进会当地分会负责人罗伯特·F. 威廉姆斯，他主张对白人种族主义者进行自卫。威廉姆斯在当地成立了一个名为“黑人武装卫队”（Black Armed Guard）的全国步枪协会俱乐部，保护当地黑人社区免受三 K 党袭击。他最终被联邦调查局以绑架的罪名诬告，迫使他和妻子梅布

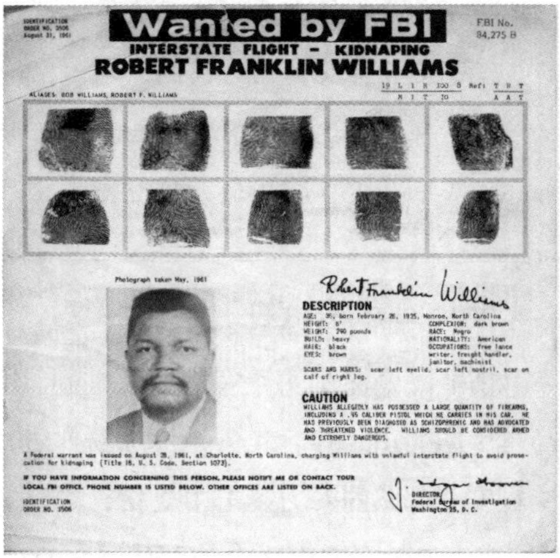

通缉罗伯特·F. 威廉姆斯的海报（联邦调查局/维基共享资源提供）

尔于 1961 年逃往古巴。当他于 1996 年去世时，传奇的民权活动家罗莎·帕克斯在他的葬礼上发表了悼词，她见证了“他的勇气和他对自由的承诺”，并补充说，“他的所作所为应该载入史册，永远不被遗忘”。[24]

16 日

1819 年 8 月 16 日

6 万—8 万人聚集在英国曼彻斯特的圣彼得广场，为工人阶级争取投票权，英国骑兵冲入了人群，制造了彼得卢大屠杀。惨案发生后，珀西·比希·雪莱写下了他最有影响力的一首诗《暴政的假面游行》（Mask of Anarchy），结尾是这样一段激动人心的战斗号召：

> “起来，像睡醒的雄狮
> 你们人数众多，不可征服
> 赶紧挣脱你们的锁链
> 像抖掉沉睡中落在身上的寒露
> 你们人多，他们只是少数。”[25]

2012 年 8 月 16 日

南非警方屠杀了 34 名矿工，他们在英国隆明铂金公司运营的马里卡纳矿山工作，正为争取加薪而进行自发罢工。另有 78 名矿工在安全部队的暴力袭击中受伤，非洲国民大会（African National Congress）政府谎称这次袭击是警方的自卫行为。这是自种族隔离以来该国安全部队最严重的暴力事件。而几天前，全国矿工联合会的官员向罢工工人（其中大部分是他们自己的成员）开火，造成两人重伤。[26]

✢· 17日 ·✢

1795年8月17日

库拉索岛纪念1795年奴隶起义的雕塑（查尔斯·霍夫曼摄影）

荷兰殖民地库拉索岛上大约40名黑人奴隶奋起反抗并发动起义。他们告诉“主人”，他们将不再是他的奴隶，然后离开，开始释放其他被奴役的人，并收集武器。叛乱仅持续了一个多月，尽管如此，它还是为被奴役者赢得了新的权利。[27]

1987年8月17日

韩国工人占领了蔚山市现代集团的工厂和造船厂。与此同时，超过30万名工人在该市与防暴警察搏斗。罢工蔓延开来，这场运动后来被称为“伟大的工人斗争”，在其鼎盛时期，约有120万名工人参与其中，占正规劳动力总数的三分之一。[28]

✢· 18日 ·✢

1812年8月18日

英国利兹和谢菲尔德爆发了主要由妇女领导的食品骚乱。在利兹，当地报纸称，这群抢夺玉米和小麦并袭击卖家的妇女和男孩以被冠以“路德夫人”的称号为荣。在谢菲尔德，面粉商被迫将价格降至每石三先令。[29]

1823 年 8 月 18 日

英国殖民地德梅拉拉—埃塞奎博（即今天的圭亚那）爆发了德梅拉拉奴隶起义，起义队伍有 10000 多人，主要由克里奥尔人的奴隶组成，他们从一个个种植园偷取武器，并将他们的“主人”关起来，甚至把其中一些人关进了仓库。这次起义被殖民地军队和武装民兵镇压。尽管白人囚犯报告说他们受到了人道待遇，但数百名参与者后来被追捕并处死，其他人则被判鞭刑 1000 下。

起义的消息传遍加勒比海又传回英国，引发了英国的废奴运动。在牙买加爆发了一场更大规模的反抗之后，英属加勒比地区在接下来的十年里基本上废除了奴隶制。[30]

19 日

1953 年 8 月 19 日

伊朗总理穆罕默德·摩萨台在一场由中情局代表英美政府组织的政变中被推翻。摩萨台政府在该国实施了一系列社会改革，包括失业救济、工伤补偿，以及在农村地区废除强迫劳动。[31]

20 日

1948 年 8 月 20 日

桑给巴尔市（今坦桑尼亚）非洲码头公司的工人举行罢工，要求提高工资。英国殖民当局对罢工工人的恐吓使罢工赢得了岛上许多其他工人的同情，一场大罢工导致该市和岛上大部分经济活动关闭。罢工一直持续到 9 月 13 日，后来，公司在加薪和改善工作条件方面作出让步。[32]

1976年8月20日

伦敦西北部爆发格伦威克罢工。当时德夫希·布迪亚因工作太慢而被一家照片加工厂解雇，3名同事为支持他而罢工。3天后，以东非亚裔为主的女工开始组织罢工纠察，这场纠纷持续近两年。虽然最终以失败告终，但这是英国工人运动的一个关键事件。工人们进行的伟大斗争得到了来自全国各地的声援，促使以白人为主的工会将亚裔和移民工人视为他们应该团结的伙伴，而不是工作的竞争对手。[33]

21日

1981年8月21日

苏格兰格里诺克Lee牛仔工厂的140名工人（主要是女工）在占领工厂七个月后重返工作岗位，他们阻止了工厂的关闭，并保住了自己的工作。[34]

22日

1943年8月22日

《政治家》(*Statesman*)杂志刊登了“二战”期间英属殖民地印度孟加拉饥荒期间饥饿人民的照片。饥荒总共造成200万—400万人死亡，大多数历史学家认为这场悲剧完全是人为的。例如，在1873—1874年，印度曾遭受过更严重的粮食供应短缺，但并没有造成大规模

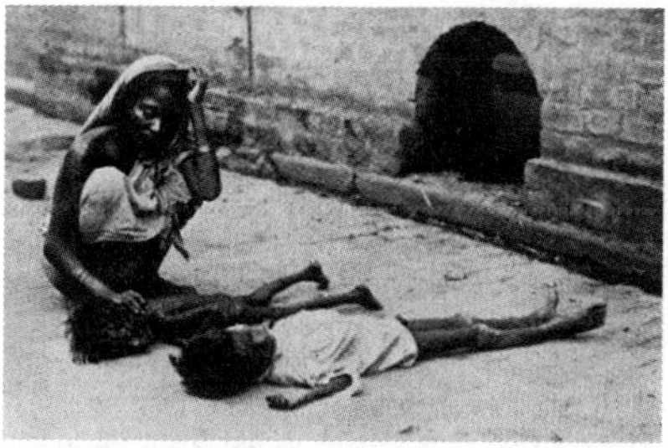

加尔各答死亡或垂死的儿童（《政治家》/维基共享资源提供）

人口死亡。[35]

1947 年 8 月 22 日

在抗议种族主义身份证制度的罢工和工人阶级活动中，非洲工人联合会（African Workers Federation）领导人切赫·基巴契亚在肯尼亚纳库鲁被英国殖民地警察逮捕。5 天后，劳工领袖马汉·辛格也被捕。与此同时，总统、独立领袖乔莫·肯雅塔与英国工党政府和英国职工大会（TUC）合作，引进了一位“专家”詹姆斯·帕特里克帮助建立顺从的工会。帕特里克建议肯尼亚政府将工会建设为一种纯粹的工作场所组织，没有任何政治职权，在工会内部按行业划分工人。工会的目标不是增进工人的利益，而是提高生产力。[36]

23 日

1851 年 8 月 23 日

澳大利亚悉尼爆发了一场暴力骚乱。当警方试图逮捕一名穿着女装的水手迈克尔·奈特时，被奈特打倒在地。在当地人的欢呼声中，奈特向教堂跑去。奈特随后扰乱了教堂礼拜并殴打教徒，直到更多的警察赶到并成功将其逮捕。听到奈特被捕的消息后，数百名水手聚集起来，开始袭击警察和警察局，并在路上释放了所有的囚犯。[37]

1966 年 8 月 23 日

澳大利亚波山牧区的 200 名土著工人罢工，要求与白人工人同工同酬。他们的罢工持续长达九年之久，诉求由最初的工资问题变成了要求英国贵族塞缪尔·韦斯蒂勋爵将土地归还给他们。他们最终成功地收回了部分土地。[38]

罢工工人之一，德克斯特·丹尼尔斯（北领地图书馆/维基共享资源提供）

⊹· 24日 ·⊹

1800年8月24日

被奴役的铁匠加布里埃尔领导的一群奴隶聚集在弗吉尼亚州中部，打算招募其他人参加定于8月30日举行的起义。他们策划了一个雄心勃勃的计划，向里士满进军，占领国会大厦，劫持州长为人质，为被奴役的人民争取自由。不幸的是，他们的密谋遭人背叛而泄露，26名参与者被处决。[39]

⊹· 25日 ·⊹

1921年8月25日

布莱尔山战役打响。1921年8月下旬到9月上旬的5天里，在韦尔奇和夏普斯的矿工及其支持者被杀之后，西弗吉尼亚州洛根县的1万名罢工煤矿工人与武装罢工破坏者及其副手们展开了战斗。面对美国联邦军队特别是空军压倒性的

矿工们在战斗结束后交出武器（维基共享资源提供）

火力，矿工们最终选择投降或返回家园。[40]

1944年8月25日

一支由32名西班牙和8名法国抵抗战士组成的游击队在法国拉玛德莲击败了一支由1300人组成的、驾驶60辆卡车、6辆坦克和2门自行火炮的德军纵队。游击队炸毁了公路和铁路桥梁，并在周围的山丘上布置机枪。战斗从下午3点持续到第二天中午。3名游击队员受伤，8名德国人死亡，近200人受伤，其余人投降。

同一天，法国自由军解放了巴黎，占领的德国军队投降。夺回这座城市的自由法国部队已经对在部队中占绝大多数的黑人士兵进行了种族清洗，因为美国和英国的军事指挥官只愿意在排除黑人军队的情况下才允许法国人解放这座城市。黑人军人也被排除在解放庆典之外。[41]

26日

1919年8月26日

前制衣工人、美国矿工联合会的组织者范妮·塞林斯在宾夕法尼亚州的一次煤矿罢工中被公司暴徒和治安官的副手杀害，她在试图阻止一名矿工被殴打时中枪身亡。[42]

1930年8月26日

在澳大利亚阿德莱德港，罢工的码头工人和一群女性示威者在该镇周围遭到当地暴徒的袭击。在这场旷日持久的劳资纠纷中，工贼在离开火车站时遭到踢打。其中一名潜入河中向船游去的工贼被警察营救，而骑警则在王子码头保护另一组人。一群妇女下班时试图攻击工贼，迫使他们在警察的护送下逃到火车站。[43]

✢· 27日 ·✢

1889年8月27日

在码头工人罢工期间，伦敦东区犹太裁缝也举行了大罢工。8000名工人大部分是来自俄罗斯的犹太移民，选举了一个罢工委员会并组织罢工，要求每天最多工作12小时（他们当时工作14—18小时）。[44]

✢· 28日 ·✢

1830年8月28日

在英国肯特郡，愤怒的工人们摧毁一台打谷机，发起了斯温起义（Swing Rebellion）。农场工人向老板们发了一封署名为“斯温队长”的要求信，如果他们不服从，工人们就会袭击农场，放火焚烧农场，并砸毁机器。[45]

1968年8月28日

芝加哥黑人巴士司机举行了一场反对种族主义工会的自发罢工。[46]

✢· 29日 ·✢

1997年8月29日

旧金山“活力女士”俱乐部（Lusty Lady Club）的成员投票决定加入“异国舞者联盟”（Exotic Dancers Union），该工会隶属服务业国际联盟当地的分支机构。妇女们组织了一次广泛的运动，后来在工作中又采取了直接行动，故意夹着双腿跳舞。工人们最终赢得了有保障的轮班制、加薪、拆除用于监督的单向镜、废除种族主义日程安排，以及免受任意纪律处分和解雇。这些妇女后来接管了俱乐部，并将其作为工人合作社运营，由选举产生的管理层进行管理。[47]

异国舞者联盟成员，辛纳蒙·马克西恩（左）和斯蒂芬妮·乔伊·阿什利（右）（马修·罗斯摄影）

30日

1908年8月30日

在一场暴力镇压运动之后，工会领导人取消了亚拉巴马州伯明翰的黑人和白人煤矿工人的罢工。四天前，州长派遣军队驱逐了罢工者的帐篷营地。尽管如此，工人们仍试图继续罢工，但他们失败了。武装暴徒恐吓罢工者，对一名黑人矿工处以私刑，而媒体则对这些种族混合的工人进行了歇斯底里的报道。《伯明翰时代先驱报》（*Birmingham Age-Herald*）谴责了这次工会会议。[48]

1979年8月30日

银幕偶像、黑豹党支持者简·塞伯格在联邦调查局的骚扰后自杀身亡。她为全国有色人种进步协会、印第安人教育团体和黑豹提供了大量的财政支持，包括为学童提供免费早餐的

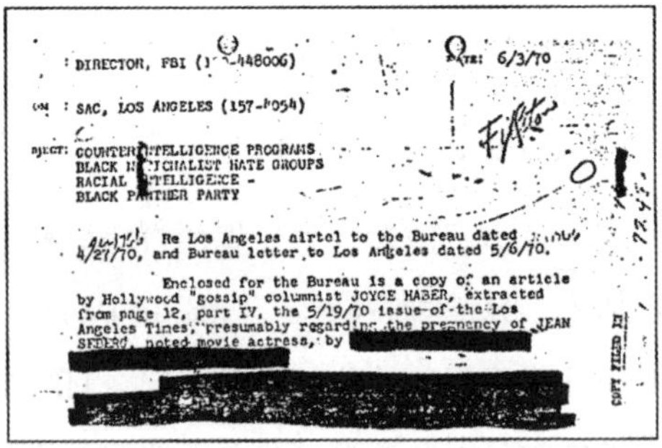
DIRECTOR, FBI (1 -448006)   DATE: 6/3/70

SAC, LOS ANGELES (157-4054)

SUBJECT: COUNTER[redacted]TELLIGENCE PROGRAMS
BLACK N[redacted]CIONALIST HATE GROUPS
RACIAL [redacted]TELLIGENCE -
BLACK P[redacted]THER PARTY

Re Los Angeles airtel to the Bureau dated 4/27/70, and Bureau letter to Los Angeles dated 5/6/70.

Enclosed for the Bureau is a copy of an article by Hollywood "gossip" columnist JOYCE HABER, extracted from page 12, part IV, the 5/19/70 issue of the Los Angeles Times, presumably regarding the pregnancy of JEAN SEBERG, noted movie actress, by [redacted]

COPY FILED IN

联邦调查局关于简·塞伯格的备忘录（联邦调查局/维基共享资源提供）

项目。[49]

✧· 31日 ·✧

1942年8月31日

卢森堡爆发了一场自发性罢工，反对纳粹占领政权征召年轻人加入德国军队的命令。[50]

9 月

1 日

1939 年 9 月 1 日

第二次世界大战的第一场战斗在欧洲打响。波兰格但斯克（又名但泽）56 名邮政工人拿起武器，试图击退纳粹德国的占领。

格但斯克被俘的邮局守卫者（维基共享资源提供）

他们击退了由警察、党卫军和冲锋队志愿者以及当地亲纳粹德国人支持的德国军队的前两次袭击。经过 15 个小时的战斗，幸存的工人逃出了已经着火的大楼并投降。由于他们都不是士兵，所以被当作土匪审判并处决。那些在战斗中死去的和后来被处决的工人死后都被免除了土匪罪指控并得到平反。1979 年，格但斯克为他们建造了一座纪念碑。[1]

2007 年 9 月 1 日

《卫报》发表了一篇文章，披露驻扎在现在巴基斯坦境内的印度士兵从 20 世纪 30 年代起就接受了英国殖民政府对他们进行的化学武器测试。[2]

✧· 2日 ·✧

2005年9月2日

卡特里娜飓风刚过，一名手无寸铁的非裔美国人亨利·格洛弗在捡拾婴儿衣服时被新奥尔良警察大卫·沃伦枪杀。一些民众试图帮助格洛弗，但遭到警察的攻击。随后，另一名警官格雷戈里·麦克雷驾驶一辆民用车将格洛弗尸体带走并在他一名同事的面前充满笑容地纵火焚烧了装有尸体的汽车。5名警察随后遭到指控。沃伦最初被判过失杀人罪入狱，但后来赢得上诉并被无罪释放。[3]

✧· 3日 ·✧

1934年9月3日

北卡罗来纳州6.5万名纺织工人加入了亚拉巴马州的工人罢工，反对减少工作时间的同时降低工资。

同年7月，亚拉巴马州的工人因雇主将每周工作时间从40小时减少到30小时、工资降低25%而罢工。纺织工人工会（UTW）撤回了举行全国罢工的威胁，以换取在劳资关系委员会的席位和政府研究项目。

北卡罗来纳州的罢工者驱车前往工厂组织工人罢工。两天之内，32.5万名工人参加罢工。作为回应，当局在全国不同地区宣布戒严，警察和国民警卫队开枪射死、持刀刺死许多工人。

最后纺织工人工会取消了罢工，宣布取得“压倒性的胜利”，但事实上雇主没有作出任何让步。[4]

⊹· 4日 ·⊹

1919年9月4日

在听到有关妇女和儿童被煤矿警卫杀害和殴打的谣言后，来自卡纳瓦煤田的部分武装起来的4000名矿工在西弗吉尼亚州洛根县游行。[5]

2005年9月4日

在卡特里娜飓风过后，几名新奥尔良警察用攻击性武器向一个手无寸铁的非裔美国家庭开火，制造了丹齐格大桥枪击案。[6]

⊹· 5日 ·⊹

1911年9月5日

威尔士拉内利的学生出于对一名被副校长处分的男孩的同情而罢课，引发了英国全国范围内的学生罢课浪潮。该浪潮从这所学校开始，蔓延到全国至少62个城镇，学生要求缩短上课时间并结束体罚。这次学生罢课发生在当年夏天的一次劳资纠纷之后。[7]

1917年9月5日

美国开展了对激进工人的大规模逮捕。美国法警突袭了社会党（Socialist Party）和世界产业工人联盟的全国办事处，以及联盟遍布各州的大约20个分支机构。[8]

⊹· 6日 ·⊹

1921年9月6日

为了抗议科克港委员会拒绝涨工资的需求，科克港的工人接管了港务委员会办公室成立了苏维埃（工人委员会），并升起了一面红旗。他们计划直接向船务代理人收取会费。由于劳工部长的介入，几小时内，科克港的苏维埃就通过谈判予以解散。然而，《爱尔兰时报》(*Irish Times*) 当时的一篇文章指出：

> “爱尔兰布尔什维克主义的爆发虽然短暂，但这是非常不祥的。今天的爱尔兰工党弥漫着一种反抗有序社会所有原则和惯例的精神。近几个月来，这个国家无法无天的状态在某种程度上跟这种险恶的事态发展有关，而俄国革命的野蛮教义已被人们津津乐道。对于有思想的爱尔兰人来说，像‘科克事件’和克利夫先生在布鲁里的营业场所被查封这样在几天或几小时内就失败的共产主义第一次实验，并不能给他们带来多少安慰。它们的真正意义在于其所表现出的性情和抱负。”[9]

7日

1934年9月7日

反法西斯分子在英国广播公司（BBC）总部楼顶悬挂了一条横幅，宣传即将在周末举行的反对奥斯瓦尔德·莫斯利和他的英国法西斯联盟（BUF）的集会活动。当天有10多万伦敦人击溃了法西斯分子和他们的警察卫队，将他们赶出了海德公园。[10]

1977年9月7日

在印度莫汉纳加尔的一家机床厂，工人和老板手下的暴徒发生了暴力冲突。在工厂外抗议不公平扣减工资的工人遭到武装保安人员的袭击。当地工人和路人加入示威，保安人员开火，引发人群的暴力反应，他们烧毁了工厂，打死了两名开枪者。邻近工厂的工人团结起来举行自发罢工，第二天有2万人聚集起来抗议。[11]

⊹· 8日 ·⊹

1941年9月8日

挪威爆发了民众反对纳粹占领当局的“牛奶罢工”（Milk Strike）。周一上班的工人发现他们本已减少的牛奶配给量被完全削减了。一家造船厂和一家钢铁厂的工人在早餐后自发举行罢工，在接下来的两天里，罢工蔓延到大约50个工作场所，涉及2万—2.5万名工人。[12]

1972年9月8日

越南战争期间，美国星座号航空母舰（USS Constellation）上的60名黑人水手聚集在船上一家僻静的理发店，他们分享了海军中普遍存在的种族主义的故事：被拒绝晋升，被困在低薪的职位，受到比白人水手更严厉的纪律约束。他们后来成立了一个名为“黑人分部”（Black Fraction）的组织。[13]

⊹· 9日 ·⊹

1739年9月9日

南卡罗来纳州爆发了“斯通诺起义”（Stono Rebellion）。一个名叫杰米（或卡托）的识字奴隶与其他22人一起游行，他们大多来自中非，挥舞着写有“自由！”字样的横幅，并袭击了一家商店，抢走了武器和弹药。他们计划前往佛罗里达，那里的西班牙殖民当局为逃脱的奴隶提供自由，以破坏英国的统治。在途中，他们烧毁了种植园，释放了其他奴隶并杀害白人，直到一支装备精良的骑兵袭击了他们。虽然起义者成功杀死了23名民兵，但他们也损失了47人。

为应对叛乱，当局制定了严格的法律，禁止奴隶聚集和学习阅读，以防止再次发生叛乱，但同时禁止十年内从非洲输入奴隶，并对过度压榨奴隶或过于残忍的奴隶主实行处罚。[14]

⊹· 10日 ·⊹

1897年9月10日

在宾夕法尼亚州拉蒂默附近，19名手无寸铁的罢工煤矿工人和矿工因拒绝解散而被卢塞恩县治安官组织的地方武装团队打死，另有36人受伤。罢工者大多是从背后中枪的，这些移民工人最初是作为罢工破坏者被带进来的，后来他们自己组织起来。凶手虽受到审判，但都被无罪释放。[15]

1962年9月10日

白人至上主义者试图在密西西比州暗杀民权活动家范妮·卢·哈默。她和她的朋友玛丽·塔克待在一起时，种族主义者开车经过，向她开了16枪，但都没有射中。哈默（出生于汤森）一直试图登记投票，但被旨在阻止黑人和印第安人投票的种族主义登记测试剥夺了这项权利。当哈默无法回答“如何解释‘事实上的法律’”这个问题时，她未能通过登记测试。[16]

范妮·卢·哈默画像（选自《反抗的尊严》）

11 日

2017 年 9 月 11 日

在肯尼亚内罗毕，提供拼车服务的 Taxify、Little 和 Mondo Ride 公司司机加入了优步公司司机的无限期罢工，他们在上个月开始罢工，要求降低佣金费率。

当年早些时候，由于一系列抗议和司机罢工，优步被迫将车费提高了 20%，但这一涨幅未能弥补该公司试图同普通出租车竞争而降价 30% 的损失。优步还将佣金费率从 20% 提高到 25%。司机们要求将佣金降低到 10%。

随后他们在 2018 年和 2019 年也进行了罢工，并赢得了老板们的一些让步。[17]

12 日

1945 年 9 月 12 日

日本殖民当局战败后，大韩民国宣布成立。韩国发布了 27 个改革项目，包括土地再分配、租金管制、主要行业国有化、保障人权、普选、妇女平等、禁止童工和保障工人权利，包括最高 8 小时工作日等。[18]

13 日

1911 年 9 月 13 日

英格兰赫尔市圣玛丽罗马天主教学校的 12 名学生呼吁学生罢课，抗议体罚和过重的课业负担。他们游行到附近的学校，动员了数百名学生共同去亨伯河游泳。[19]

1971 年 9 月 13 日

始于 9 月 9 日的阿提卡监狱起义被镇压。在骇人听闻的恶劣条件下，囚犯跨越种族界限团结起来，控制了监狱，要求得到更好的待遇。在与当局的谈判破裂，绝望的囚犯威胁人质安全时，州长纳尔逊·洛克菲勒（来自富有的洛克菲勒家族）下令重新夺回监狱。纽约州警方向院子里发射催泪瓦斯，使用包括霰弹枪和装有《日内瓦公约》（*Geneva Convention*）所禁止弹药的个人枪支不间断地向烟雾中开枪扫射了两分钟。许多人质和囚犯（其中大多数人没有反抗，因为他们在烟雾中被绊倒和窒息）受伤，当监狱被重新夺回时，有 29 名囚犯和 9 名人质死亡。之后，人民听见警察为“白人力量”欢呼，庆祝起了这场屠杀。尽管遭到镇压，一波反叛浪潮还是席卷了美国的监狱。[20]

✧· 14 日 ·✧

1989 年 9 月 14 日

艾滋病运动组织 ACT UP 的 7 名成员潜入纽约证券交易所，将自己锁在 VIP 包厢，抗议唯一获批的艾滋病药物 AZT 的高昂价格。抗议活动发生后不久，其制造商惠康公司将价格下调了 20%。[21]

✧· 15 日 ·✧

1845 年 9 月 15 日

匹兹堡及其周边地区的 5000 名棉纺厂女工举行罢工，要求每天最多工作 10 小时，并停止使用童工。罢工几个月后，数百人在该地区最大的工厂之一的布莱克斯托克工厂游行。女工们冲进工厂大门，强行驱赶工贼，而陪同他们的男子则阻拦警察进入。虽然妇女们的要求没有得到满足，但罢工还是引起了全国的关注。在1848 年的独立日，宾夕法尼亚州立法机关通过了一项 10 小时工作日的法律。然而，这项法律有许多漏洞，从未真正执行。为争取更好的工作条件和更短的工作时间而进行的斗争，将不得不等待下一代工人积极分子从棉纺工人中断的地方开始。[22]

1954 年 9 月 15 日

亚伯拉罕·林肯军队的美国退伍军人，也就是西班牙内战期间的反法西斯志愿者，被带到颠覆活动控制委员会（SACB），以回应将他们归类为颠覆组织的企图。

其成员之一克劳福德·摩根说：

克劳福德·摩根（亚伯拉罕·林肯军队档案馆提供）

“作为一名黑人，以及我在这个国家所必须承担的角色，我非常清楚法西斯主义是什么，我不想成为它的一部分。我曾有机会在那里武装对抗它，我也这样去做了。如果再给我一次机会，我同样会义无反顾。我觉得如果我们不打败佛朗哥，阻止那里的法西斯主义，它就会蔓延到世界各地。在法西斯主义之下，那些喜欢自由和民主的白人的生活已经足够糟糕。而黑人则完全无法生存，因为他们会被消灭。从我到达西班牙的那一刻起，我感觉自己像个人，而且像个男人。人们不会因为我是黑人而憎恨我，也不会因为我是黑人而拒绝这个或那个。我受到的待遇和其他所有人一样。当你在这个世界上待了很长一段时间，受到的待遇比人们对待他们的狗还要糟糕时，来到某个地方，在这里像人一样被对待，是一种很好的感觉。”[23]

16日

1923年9月16日

伊藤野枝和她的爱人大杉荣在日本东京被警方逮捕。他们两人都是工人活动家、无政府主义者和自由恋爱倡导者。警方指责激进分子纵火（火实际上是关东大地震引起的），并杀死了许多激进分子。[24]

伊藤野枝（维基共享资源提供）

1973年9月16日

智利共产党民歌手兼音乐家维克托·贾拉被奥古斯托·皮诺切特将军的军队杀害。就在几天前，皮诺切特在美国的支持下发动政变。贾拉和其他数千人被囚禁在智利国家体育场。随后，他身中40多枪被打死。

2019年，在智利各地爆发的工人阶级反抗浪潮中，贾拉的歌曲，包括《和平生活的权利》（Right to Live in Peace），被大批抗议者传唱，歌声在街道上回荡。[25]

17日

1849 年 9 月 17 日

传奇的废奴主义者哈里特·塔布曼和她的两个兄弟本和亨利逃离了马里兰州的奴隶制地区。逃跑后，本和亨利决定返回，这实际上迫使塔布曼也跟随他们一同返回。不久之后，她再次逃离并前往费城。

在她逃跑后的几年里，塔布曼不知疲倦地工作，攒钱回来解救其他被奴役的人。塔布曼后来帮助约翰·布朗为哈珀斯费里的反叛招募战士。此后，塔布曼一直活跃于女权运动中，直到 1913 年去世。[26]

1922 年 9 月 17 日

在都柏林发生了邮政工人反对新成立的爱尔兰自由邦罢工中很严重的一次冲突。士兵向参与罢工的一名男子和三名女子开枪。其中一名工人奥利夫·弗拉德被击中，幸运的是子弹从她的吊袜带上偏离开来，她只受了轻微的皮肉伤。一名记者报道说，这起劫后余生的事件“对女孩们继续坚持下去的决心没有任何影响”。[27]

18日

1963 年 9 月 18 日

数千人烧毁了英国驻印度尼西亚雅加达大使馆，抗议其殖民地于两天前组成马来西亚联邦，他们还袭击了英国大使的官邸并焚烧了英国汽车。[28]

1974 年 9 月 18 日

智利教师和革命者弗洛拉·桑霍扎·雷博莱多在奥古斯托·皮

诺切特将军的右翼政权中遭受酷刑而死，享年 63 岁。

弗洛拉于 1935 年前往西班牙，并在内战期间参加了社会革命。法西斯胜利后，她逃到法国，在那里作为政治犯被关押到 1942 年。之后她回到智利，受到 21 世纪初工人阶级文化协会的启发，她在伊基克为纺织女工创办了“自由女神路易丝 · 米歇尔协会”（Ateneo Libertario Luisa Michel）。鉴于正值加布里埃尔 · 冈萨雷斯 · 维德拉独裁统治期间，以及法西斯对无政府主义者和共产主义者的迫害，她的大部分工作实际上都是秘密进行的。1953 年，“自由女神路易丝 · 米歇尔协会”向职业女性的子女们敞开大门，更名为“自由女神路易丝 · 米歇尔学校”（Escuela Libertaria Luisa Michel）。这所学校在鼎盛时期拥有超过 70 名学生，但它于 1957 年关闭。

皮诺切特政变后，弗洛拉被捕并遭受酷刑。她遭到了软禁，随后因受伤而身亡。[29]

19 日

2007 年 9 月 19 日

德国诺德豪森的工人占领他们的自行车厂，反对将其关闭。在工人的控制下，工厂重新开始生产，制造“罢工自行车”（Strike Bikes）。[30]

20 日

1763 年 9 月 20 日

菲律宾革命反殖民主义领袖加布里埃拉 · 希朗被西班牙当局处决。前一周，她曾试图围攻维甘，但被迫返回阿布拉，她和她的部队成员在那里被捕后被绞死在维甘的中央广场。[31]

1898 年 9 月 20 日

无政府主义移民工人波列奈斯·马泰在圣保罗被警察杀害。当时，巴西的无政府主义者是工人运动的核心，他们为了争取缩短工作时间、医疗保险和反对战争而斗争。他们出版了大约一百种杂志和报纸，仅日报就出版了四份。政府对此进行了反击，监禁、驱逐了数百人，杀害了数十人。[32]

21 日

1945 年 9 月 21 日

美国 20 万名煤矿工人举行罢工，以支持主管级员工的集体谈判要求。这是“二战”后罢工浪潮的一部分。[33]

1976 年 9 月 21 日

智利社会主义难民奥兰多·莱特利尔和智库工作者罗尼·莫菲特在华盛顿特区被奥古斯托·皮诺切特将军的秘密警察所安置的汽车炸弹杀害。这些由美国支持的独裁者特工造成的杀戮是美国“秃鹰行动”（Operation Condor）的一部分，该行动是由美国支持的拉

奥兰多·莱特利尔（记忆与人权博物馆 / 维基共享资源提供）

罗尼·莫菲特（莫菲特家族 / 维基共享资源提供）

丁美洲反共计划，杀死了多达6万名工人阶级激进分子、社会主义者和无政府主义者。[34]

✧· 22日 ·✧

1912年9月22日

工团主义组织“世界工人之家”（COM）在墨西哥成立。

然而，在墨西哥革命的动荡期间，工会开始支持卷入冲突的资本主义派系，如维努斯蒂亚诺·卡兰萨的立宪派，并最终与埃米利亚诺·萨帕塔的农民革命军作战。在工会失去作用后，卡兰萨政府把矛头指向了工会并将其取缔。[35]

1918年9月22日

第一次世界大战期间，保加利亚军队爆发大规模的兵变和起义。在多布罗波尔，逃跑的士兵不仅组建了自己的军队，还选举军官，最终将矛头转向他们的领导人。他们的叛乱直到12月才被镇压，1万名士兵被监禁。[36]

✧· 23日 ·✧

1945年9月23日

在受英国指挥的廓尔喀人的支持下，法国和日本军队进入了西贡市。工人们发动起义，成立了独立于越南同盟会之外的西贡公社，以抵抗法国和日本军队的进攻。起义军主要集中在贫困的郊区，他们砍倒树木，掀翻汽车和卡车，设置临时路障，并向殖民地警察和官员开枪。在一些地区，民众多年以来堆积的对种族主义和虐待行为的反感情绪爆发，引致了对法国平民的大规模杀戮。

与此同时，官方的独立运动越南同盟会避免了直接冲突，采取了支持对外国军队进行粮食封锁的策略。10 月 5 日，更多的法国军队在勒克莱尔将军的指挥下抵达，一周后，起义总体宣告失败。[37]

1969 年 9 月 23 日

在管理层从希腊进口轮胎后，意大利米兰倍耐力的工人罢工，点燃了装满轮胎的卡车，导致管理层将工人拒之门外。尽管罢工很快得以解除，但倍耐力的老板试图解雇一名激进分子的行为再一次引发了一场自发的罢工和示威，那名工人最终留在了工厂。[38]

24 日

1934 年 9 月 24 日

当工人赢得让步后，为期一个月的萨利纳斯“生菜罢工”（Lettuce Strike）结束。菲律宾劳工联盟的农业工人罢工遭到种族主义暴徒和武装治安员的大规模镇压。即便如此，他们依然坚持了下来，并赢得了加薪和工会的认可。[39]

2003 年 9 月 24 日

以色列空军的 27 名飞行员致信总指挥官，表示拒绝参加约旦河西岸地区和加沙的暗杀任务。因为他们认为这些袭击是“非法和不道德的”，并且会“伤及无辜平民”。[40]

25 日

1968 年 9 月 25 日

西雅图市议会应共和党市长詹姆斯·布拉曼的要求，通过了一项枪支管制法，以阻止黑豹党自卫队的巡逻。令议员们感到无比震惊的是，武装的黑豹党成员出现在雷尼尔海滩，为那些受到白人袭击和威胁的黑人学生辩护。该市通过了一项紧急措施，禁止展示

"危险武器"来"恐吓他人"。[41]

2005年9月25日

韩国京畿道的性工作者成立了"性工作者民主联盟"(Democratic Coalition of Sex Workers),并与妓院老板签署了该国历史上的第一个集体谈判协议。[42]

26日

1919年9月26日

在俄国革命期间,乌克兰的无政府主义革命起义军(以其指挥官内斯托尔·马克诺的名字命名为"马克诺主义者")结束了数月的撤退,转而进攻追击由安东·德尼金将军领导的反革命白军。马克诺主义者出其不意地击溃了德尼金的军队,终结了他们向莫斯科的进军。[43]

1955年9月26日

在独裁者弗朗西斯科·佛朗哥将军访问巴塞罗那期间,地下抵抗活动家弗朗西斯科·萨巴特·洛帕特叫了一辆出租车,并让它在加泰罗尼亚首都周围行驶。[44]

27日

1915年9月27日

美国服装工人联合会(ACWA)在芝加哥组织5000名服装工人罢工,要求提高工资、缩短工作时间并废除黑名单制度。雇主们召集了大量警察并解雇了数百名罢工者作为报复。作为回应,工人们又召集了2.5万人举行罢工,这场纠纷持续了数月。[45]

1917年9月27日

南非的非洲国家研究小组和白人激进分子成立了非洲产业工人工会（IWA），这是一个革命性的多种族联盟，拥有一个全部由非洲人组成的委员会和一个简单的口号："我们想要一切！"[46]

·28日·

1975年9月28日

在一个星期六的晚上，三名黑人解放运动人士抢劫了伦敦意面屋连锁店骑士桥分店，意图抢走其一周的营业额。抢劫出了差错，当警察赶到时，这些人自称是黑人解放军并把工作人员扣为人质，以换取安全出境。在被数百名警察围困五天后，最终选择了投降。[47]

1991年9月28日

午夜，印度比莱市的劳工组织领导人香卡·古哈·尼约吉在睡梦中被杀害。尼约吉曾成功地领导了水泥厂工人和煤矿工人的有组织行动，并为贫困工人和农民建立了医疗保健和文化项目。[48]

·29日·

1920年9月29日

24岁的智利无政府主义诗人、世界产业工人联盟成员何塞·多明戈·戈麦斯·罗哈斯被捕，在遭受酷刑后死亡。[49]

2007年9月29日

埃及加斯·马哈拉的数千名纺织工人在为期一周的非法自发罢工中获胜，他们的大多数要求得到了满足。管理层作出的让步包括将基本工资提高7%、额外奖金、支付罢工日工资、不伤害罢工者，以及弹劾董事会主席及其助理。[50]

30日

1918年9月30日

随着生活成本上涨引发的不安情绪日益加剧，苏黎世的银行员工举行首次罢工。这一行为引发当地爆发了一场大罢工以支持银行员工的加薪诉求，并取得了彻底的胜利。[51]

苏黎世的罢工者和骑兵（维基共享资源提供）

10 月

1 日

1935 年 10 月 1 日

理发师兼工人组织者安东尼奥·索贝拉尼斯·戈麦斯在伯利兹科罗萨尔的一次公开会议上发言，随后被英国殖民当局以使用“煽动性语言”的罪名起诉。他在组织失业人员以及最近的装卸工人和铁路工人罢工活动中发挥了关键作用。为了避免出现“黑白对立事件”，州长选择了一名黑人地方法官来审理此案，并表达了他希望索贝拉尼斯“被长期监禁”的愿望。审判引起了全国的关注，工人们为索贝拉尼斯的辩护基金捐款，而当局禁止所有公开集会。最终，索贝拉尼斯被判无罪，仅因使用“侮辱性语言”被罚款 85 美元。[1]

1946 年 10 月 1 日

大邱警察袭击了抗议“二战”后美国和日本统治的韩国人民，造成 3 人死亡，多人受伤。作为回应，民众发动了大规模袭击，杀死了 38 名警察。这标志着秋季起义（Autumn Uprising）的开始。[2]

2日

1937年10月2日

在美国支持的多米尼加独裁者总统拉斐尔·特鲁希略的命令下，针对2万多海地人的种族灭绝行动开始了，此次事件如今被称为“欧芹大屠杀”（Parsley massacre）。[3]

3日

1952年10月3日

肯尼亚反对英国殖民主义的茅茅运动升级，叛军在锡卡镇起义中刺死了首名欧洲白人。英国媒体以白人被杀为借口，为针对贫穷的肯尼亚人的镇压行动辩护。殖民者杀害数万人并将数十万人投入集中营。事实是只有32名白人在冲突中丧生。[4]

4日

1936年10月4日

奥斯瓦尔德·莫斯利领导的英国法西斯联盟计划游行穿过东伦敦一个以犹太人为主的地区，引发了“电缆街之战”（Battle of Cable Street）。法西斯分子遭到了超过10万名当地居民和工人的阻拦，他们坚持“他们不能通过”，并与黑衫军和保护他们的警察战斗，迫使法西斯主义者放弃游行。[5]

1939年10月4日

4名意大利移民无政府主义者，阿瑟·博尔托洛蒂（又名阿提里奥·博尔托洛蒂和阿瑟·巴特尔）、鲁杰罗·本维努蒂、欧内斯特·加瓦（有消息称他是古巴人，名叫马尔科·约阿希姆）和维托里奥·瓦洛皮根据加拿大新的《战争措施法案》(*War Measures Act*)被捕，罪名是持有反法西斯的“颠覆性文学”(Subversive Literature)，而在博尔托洛蒂的案件中，他还持有一把无扳机手枪。他们被威胁要被驱逐到墨索里尼掌控的法西斯意大利。

幸运的是，著名的无政府主义者艾玛·戈德曼全力以赴帮助他们处理案件，她组织了一个支持委员会，为他们的释放施加压力，并为他们的法律辩护筹集资金。戈德曼联系了一位以为工人辩护而闻名的进步律师，并在2—3周内将除博尔托洛蒂外的其他人全部释放。博尔托洛蒂把所有的责任都揽在自己身上，并坚称只有他自

东伦敦“电缆街之战”壁画(阿普霍兰摄影)

己为此事负责。

三个半月后，博尔托洛蒂获准保释，并于 1940 年 2 月 13 日被判处驱逐出境（就在戈德曼中风的前几天）。在戈德曼于 5 月去世之前，他的判决被撤销。[6]

5 日

1789 年 10 月 5 日

巴黎数千名妇女因面包价格昂贵且稀缺而愤怒，洗劫了城市军械库，并围困了凡尔赛宫，这是法国大革命的序幕之一。[7]

向凡尔赛宫进军的当代插图（维基共享资源提供）

1945 年 10 月 5 日

在加利福尼亚州伯班克的华纳兄弟工作室门口，当工贼试图越过警戒线时，布景装潢师为期六个月的罢工演变为一场血腥的骚乱。该事件也被称为“好莱坞黑色星期五”（Hollywood Black Friday）和“伯班克之战”（Battle of Burbank）。[8]

⊹· 6 日 ·⊹

1976 年 10 月 6 日

泰国发生了法政大学大屠杀（又名“10·6 事件”），国家军队和极右翼保皇党暴徒袭击了学生抗议者。此前，来自各大学的四五千名学生举行了一周多的示威，反对前军事独裁者他侬·吉滴卡宗从新加坡回国。[9]

1985 年 10 月 6 日

无辜的加勒比黑人母亲辛西娅·贾勒特在警察搜查她的家时死亡，伦敦托特纳姆的布罗德沃特农场的居民群起反抗警方，致使托特纳姆陷入火海。就在几天前，警察在布里克斯顿枪杀了多萝西·“樱桃”·格罗斯（Dorothy “Cherry” Groce）。警方试图诬陷几名男子在骚乱中杀害了一名警察，导致他们中 3 人被判入狱数年，上诉后才被释放。[10]

⊹· 7 日 ·⊹

1944 年 10 月 7 日

奥斯威辛集中营爆发了武装叛乱。当集中营里的抵抗组织成员发现负责在火葬场工作和处理尸体的犹太囚犯将在当天被杀害时，他们用刀具和简易武器进行反击，包括用偷运进来的火药和沙丁鱼罐头盒制成的手雷。他们烧毁了四号火葬场，杀死了三名党卫军军官，甚至火化了一名，还炸伤了其他人。[11]

1985 年 10 月 7 日

澳大利亚维多利亚州的护士们发起了一场“按章工作”的运动。当管理人员试图破坏行动时，这场运动最终演变成了一场全面罢工。工人们要求增加工资，并采取行动提高医患比。这场争端以工人们取得部分胜利告终，为 1986 年规模更大并取得胜利的护士罢工奠定了基础。[12]

✣· 8日 ·✣

1967 年 10 月 8 日

在日本羽田机场附近的一次反战示威中，山崎博昭被警方杀害，约 600 人受伤。抗议越南战争的学生在一座桥上与防暴警察发生冲突，迫使他们返回并征用了一辆警车和水炮卡车。他们当时正开着卡车向机场驶去，突然传来一名京都大学学生遇难的消息。直到他的尸体被移走，双方冲突才停止，然后警察使用催泪瓦斯、警棍和水炮驱散抗议者，将一些人从桥上冲入河里。[13]

1970 年 10 月 8 日

一枚炸弹在英国保守党总检察长彼得·罗林森位于切尔西的家中爆炸，这是几周内的第二次。这次事件是“愤怒旅”（Angry Brigade）城市游击队组织策划的，目的是抗议政府对工人运动和爱尔兰民权运动采取越来越强硬的策略。就像“愤怒旅”所有爆炸事件一样，它的设计初衷是避免造成任何伤害。公报宣布：

> “我们不是雇佣兵。
>
> 我们攻击的是财产而不是人。
>
> 如果我们愿意，就业部部长罗伯特·卡尔、罗林森、伦敦警察局局长约翰·沃尔德隆早就死了。
>
> 法西斯分子及其政府代理人是唯一攻击公众的人。我们已经开始反击，有组织的工人阶级将用炸弹赢得这场战争。”[14]

9 日

1912 年 10 月 9 日

被拘禁的西班牙难民（玛丽·路易丝·伯内里摄影）

在纽约小瀑布城菲尼克斯工厂，大部分女工自发罢工，迫使雇主遵守一项新的州法律，将每周工作时间从 60 小时减少到 54 小时。另外 2000 名来自菲尼克斯和吉尔伯茨工厂的工人也参加了罢工，这些工人都是世界产业工人联盟的成员。联盟派出了组织者，包括马蒂尔达·罗宾斯（原名塔蒂亚娜·吉特尔·拉宾诺维茨）和大比尔·海伍德等。联盟成员海伦·凯勒也支持罢工。

警察局局长宣称："我们要对付的是罢工和国外势力。过去，我们一直压制他们，打算将他们控制在他们该待的地方。"他派警察袭击工人，突袭罢工总部，但罢工者坚持不懈。到 1 月，他们赢得了罢工，在工资没有减少的情况下缩短了工作时间。[15]

10 日

1947 年 10 月 10 日

非洲黑人铁路工人在整个法属西非——塞内加尔、贝宁、科特迪瓦和几内亚发起罢工。罢工一直持续到次年 3 月 19 日，工人在赢得雇主的许多让步后重返工作岗位。

在争端期间，工人阶级的妇女在经济上支撑着他们的家庭，并通过写支持罢工的歌曲和嘲讽工贼来为社区的团结作出贡献。[16]

1971 年 10 月 10 日

上午 11 时，在柬埔寨边境附近，美国陆军第一骑兵师布拉沃连的士兵宣布与北越进行秘密非正式停火。此前不久这里发生了一场兵变，6 名男子拒绝执行危险的任务，等待他们的将是军事法庭的审判。一份支持叛乱者的请愿书被分发给大家，全连三分之二的人签了名。一名记者将请愿书泄露给了法国媒体，军队放弃了法庭审判，并将布拉沃连转移到安全地带，取而代之的是德尔塔连。

几天后，德尔塔连的 20 人拒绝出兵，军队把他们和支援他们的炮兵连撤出，放弃了阵地。[17]

11 日

1972 年 10 月 11 日

在华盛顿特区监狱，大约 50 名囚犯控制了一个牢房，并将 12 名监狱官员扣为人质，要求改善条件和过度拥挤的环境。[18]

1972 年 10 月 11 日

奇卡诺活动人士占领了西雅图废弃的碧近山小学，成立了所有种族民众中心（Center for People of All Races），这是一个至今仍存在的奇卡诺 / 拉丁民权社区组织。[19]

12 日

1925 年 10 月 12 日

巴拿马发生大规模租金罢工和工人罢工，警察杀害了两名组织者，鲁道夫·基亚里总统请求美国军队帮助镇压叛乱。第二天，三个美国步兵营和一个机枪连抵达并控制了巴拿马城，禁止所有 5 人以上的集会，逮捕任何试图集会的罢工者。

巴拿马城的租户拒交租金，以抗议不断上涨的租金和不卫生的环境。警察暴力镇压租户，打死几人，打伤几十人，并逮捕和驱逐了一些人。后来，租金罢工蔓延到科隆，工人发起了大罢工。[20]

13 日

公元前 1157 年 10 月 13 日

据报道，最早记录在案的罢工发生的日期很可能是我们现在历法的公元前 1157 年 10 月 13 日。这场争端是现在被称为代尔麦地那的古埃及小镇上的一位抄写员在纸莎草纸上记录的。

受雇于法老拉美西斯三世的一群熟练的建筑工人在发薪日 18 天后停止工作，因为他们没有收到本应以食物和其他物品形式支付的工资。工人们喊饿，在一座庙旁坐下。官员给了他们一些糕点，他们回家了，但第二天他们在底比斯的中央粮库抗议，要求支付工资。最终，他们收到了欠薪，但工人需要罢工才能获得其应得工资的模式重复了多次。[21]

1970 年 10 月 13 日

26 岁的黑人共产主义者安吉拉·戴维斯在纽约市被联邦调查局逮捕。当年 8 月，她因企图越狱而被加利福尼亚当局签发逮捕令，之后她逃离了加州。她被捕后，理查德·尼克松总统祝贺联邦调查局“抓获了这名危险的恐怖分子”。戴维斯最终被判无罪。[22]

✣· 14日 ·✣

1973年10月14日

泰国爆发了一场涉及学生示威和工人罢工的大规模起义，人民推翻了军事独裁统治，要求更多的民主自由。独裁政权被推翻使自发罢工浪潮达到顶峰，这增加了工人、农民和学生的信心，他们在随后的几年里继续为议会民主和其他权利而斗争。[23]

✣· 15日 ·✣

1966年10月15日

鲍比·西尔和休伊·P. 牛顿在加利福尼亚州奥克兰会面，他们在那里成立了“自卫黑豹党”（Black Panther Party for Self-Defense）。尽管遭到严厉镇压，但该党一直存续到1982年，并开展了各种各样的活动项目，从为学童和社区卫生诊所提供免费早餐，到武装公民巡逻和监视警察。关于该组织的一个鲜为人知的事实是，在20世纪70年代，该组织的大多数成员是女性。[24]

鲍比·西尔（中）在一次集会上讲话（密歇根州/维基共享资源部提供）

16 日

1968 年 10 月 16 日

在美国国歌的伴奏下，非裔美国短跑运动员汤米·史密斯和约翰·卡洛斯在获得奥运会金牌和铜牌时举起了他们戴着手套的拳头，行黑人权力礼。史密斯后来澄清说："我戴着黑手套代表社会权力或黑人权力；我穿袜子而不是鞋子，代表贫穷；我脖子上戴着一条黑色围巾象征私刑——黑人在建设这个国家的过程中所遭受的绞刑。"

彼得·诺曼、汤米·史密斯和约翰·卡洛斯（从左往右）（安杰洛·科齐摄影，维基共享资源提供）

在抗议之后，他们在很大程度上受到美国体育界的排斥。虽然《时代》(*Time*) 杂志现在认为这张照片是具标志性的，但当时该杂志的一篇文章部分内容是："'更快、更高、更强'是奥运会的座右铭。而用'更愤怒、更肮脏、更丑陋'描述上周墨西哥城的场景却再合适不过。"回国后，史密斯和卡洛斯都受到辱骂，他们和他们的家人都受到了死亡威胁。[25]

17 日

1950 年 10 月 17 日

国际矿冶工人工会（IUMMSW）的矿工在新墨西哥州举行罢工抗议帝国锌公司。他们最初的要求是取消歧视性工资（即白人工人的工资高于墨西哥工人）和居住隔离。后来，他们把墨西哥裔美国人家庭的室内管道和热水列入了要求清单。公司进行了反击，派警察骚扰罢工者，在公司房屋上张贴驱逐告示，切断公司杂货店对罢工者的信贷，并派遣工贼。然而，随着时间的推移，该地区其他公司的矿工也加入了罢工队伍。

罢工八个月后，该公司得到了一项法庭禁令，禁止罢工者回到纠察队。于是工人的妻子们走上了纠察线，以规避公司的法律策略。这些女性面临着性别歧视、警察暴力和大规模逮捕，但她们依然很坚强。15 个月后，该公司几乎满足了罢工者的所有要求，同意提高工资和福利，并为镇上的家庭提供热水。

这场罢工引起了全国的关注，并在 1954 年被改编成电影《地球之盐》（*Salt of the Earth*）。[26]

18 日

1931 年 10 月 18 日

德国布伦瑞克的工人举行罢工，反对纳粹主义。1931 年下半年，共有 3 万名工人举行了 25 次政治罢工，抗议法西斯主义，同样的罢工次年更多。[27]

1948 年 10 月 18 日

在布鲁克林劳工学院，纽约啤酒厂工人联合会（United Brewery Workers）3 名官员试图在自发罢工的啤酒厂工人会议上发言时被嘘下台。工会成员坚称，除非工会同意与罢工者自己设立的指导委员会进行对话，否则他们不会听取工会代表的意见。5 天前该市 14 家啤酒厂中有 12 家的近 3000 名工人就开始罢工，抗议工会批准解雇 21 名司机，曼哈顿的 70 家酒馆当时已经没有啤酒了。[28]

19 日

1920 年 10 月 19 日

西尔维娅·潘克赫斯特被逮捕，根据《国防领域法案》(*Defense of the Realm Act*) 第 42 条，她被指控企图通过在 10 月 16 日的《工人无畏舰》(*Workers Dreadnought*) 杂志上编辑和发表两篇文章，在海军中煽动叛乱。一篇是《下层甲板上的不满》(Discontent on the Lower Deck)，这篇文章是根据一位名叫斯普林希尔的年轻海军评级员的来信撰写的，并以笔名 S.000（炮手）发表。另一篇是克劳德·麦凯化名莱昂·洛佩兹撰写的关于种族主义的文章，后一篇文章发表在 5 月 10 日——成功抵制乔利·乔治号的几个月后，该文呼吁码头工人不要给向反共力量提供武器的船只载货。[29]

20 日

1877 年 10 月 20 日

《伦敦新闻画报》(*Illustrated London News*) 上刊登了下面这幅

等待饥荒救济的人们的插图（《伦敦新闻画报》/ 维基共享资源提供）

画，描绘了印度班加罗尔忍饥挨饿的人们等待饥荒救济的情景。在1873—1874年的饥荒期间，几乎没有人死亡，因为英国总督理查德·坦普尔组织了一场迅速的赈灾工作。[30]

⊹· 21日 ·⊹

1935年10月21日

英国占领的加勒比岛发生圣文森特劳工起义。工人们在首都金斯敦抗议高物价时遭到警察的枪击。人们还抗议维持食糖关税的计划，因为该关税以牺牲消费者为代价帮助生产商。叛乱者在法院外举行了一次愤怒的集会，砸碎窗户，毁坏官员的汽车。州长和司法部部长遭到袭击，人群洗劫了一名议员和种植园主的办公室，一些抗议者闯入监狱，释放了10名囚犯。武装警察宣读了《防暴法令》（*Riot Act*），然后开始向人群开枪，造成一人死亡、数人受伤。骚乱随后蔓延到乔治敦和沙托布莱尔，抗议者切断电话线并摧毁了桥梁。当晚午夜，一艘英国军舰抵达，当局第二天宣布进入为期三周的紧急状态。[31]

1970年10月21日

日本第一次妇女解放游行示威在东京举行，开启了该国的女权运动，妇女要求避孕药合法化并反对任何堕胎禁令。[32]

⊹· 22日 ·⊹

1905年10月22日

智利的3万名工人起义反抗恶劣的工作条件和不断上涨的生活成本。屠夫、鞋匠、雪茄工人、织锦工人、电报工人和其他人都参加了起义，铁路工人也炸毁了铁轨。警察应接不暇，于是富人组建了一支“白人卫队”开始屠杀工人。250人被杀后，骚乱平息了，但工人阶级运动仍在继续发展壮大。[33]

1972年10月22日

加拿大不列颠哥伦比亚省温哥华的女权主义者成立了加拿大服务、办公室和零售工人工会（SORWUC）。他们试图代表那些被边缘化、低收入、以女性为主的行业的工人，这些行业并不是大型企业工会优先考虑的对象。任何工会官员的工资都不能高于该工会合同的最高工资，普通成员直接在集体协议中决定他们想要什么。该工会还致力于维护土著妇女、性工作者和单身母亲的权利，他们开展儿童日托运动，并捍卫堕胎权。由于他们的激进主义，他们成为老板和劳工运动官僚打击的目标。该工会于1986年解散。[34]

23日

1901年10月23日

阿根廷罗萨里奥爆发了一场大罢工，抗议警察在糖厂罢工期间杀害无政府主义移民工人科斯梅·布迪斯拉维奇。[35]

1956年10月23日

匈牙利发生了一场全国性的起义，数千人组成了工人委员会和民兵组织，他们不想向资本主义过渡，而是要求建立由工人阶级自己控制的社会主义。

英国共产党员、英国共产党党报《每日工人报》（*Daily Worker*）记者彼得·弗莱尔在他的第一篇快报中写道：

> “11年来，共产党领导人的不断犯错，国家安全警察的残暴，官僚主义和管理不善的普遍存在，以及拙劣的手段和谎

言，导致了国家彻底的崩溃。这不是由法西斯分子和反动派组织的反革命。这是一场有普通共产党员参与其中的全民反抗高潮，人们反对苏联武装力量支持的、伪装成社会主义社会的警察专政。”

“我毫不犹豫地将这些可怕事件的责任完全归咎于领导匈牙利 11 年的共产党人身上。他们把欧洲人民民主的杰出典范变成了一幅展示社会主义的恐怖漫画。他们培养和训练了一支秘密警察，对所有敢于公开反对不公正的共产党人和非共产党员施以酷刑。正是这些秘密警察，在过去可怕的几天里，把枪口对准了那些他们本该捍卫的人民。”

弗莱尔的文章没有发表，叛乱很快被俄国坦克镇压，造成大约 2 万名匈牙利人和 3500 名俄罗斯人死亡。[36]

一辆在布达佩斯被摧毁的苏联坦克（FORTEPAN/ 纳吉・久洛 / 维基共享资源提供）

✧· 24 日 ·✧

1975 年 10 月 24 日

冰岛 90% 的女性参加了争取男女平等的全国性罢工。职业女性待在家里，家政工人拒绝做饭、打扫卫生和照看孩子。[37]

✧· 25 日 ·✧

1983 年 10 月 25 日

工人占领了英格兰的海耶斯乡村医院，反对下周关停医院的提议。工人们自己经营这家医院，直到政府让步为止。该医院一直开到 20 世纪 90 年代，后来它变成了一家私人疗养院。[38]

✧· 26 日 ·✧

1977 年 10 月 26 日

印度坎普尔的斯瓦德希棉纺厂的 8000 名工人包围了他们的工厂，将老板锁在里面，因为他们已经好几个星期没有领到工资了。工会没有提供任何帮助，因此工人们殴打了工会领导人。然后他们将燃气罐和酸水瓶放在工厂的屋顶上，并威胁说要引爆。经过 54 小时的围困，工人的欠薪得到了支付。[39]

1983 年 10 月 26 日

英格兰的诺斯伍德和平纳乡村医院被其工人占领，以抗议其关闭的提议。从第二天开始，也就是 10 月 27 日，他们自己集体经营医院，最终赢得了斗争。这家医院又开了 25 年。[40]

✧· 27日 ·✧

1970年10月27日

理查德·尼克松总统领导的共和党政府通过了《综合药物滥用预防和控制法案》(*Comprehensive Drug Abuse Prevention and Control Act*),这是其“毒品战争”的一部分。[41]

✧· 28日 ·✧

1916年10月28日

在第一次世界大战期间,澳大利亚军队的征兵在全民公投中以51%对49%的微弱优势被否决。前工会领袖、工党总理比利·休斯曾大力推行征兵制度,他将失败归咎于世界产业工人联盟。

世界产业工人联盟一直非常积极地反对征兵和战争。休斯的回应是取缔该组织并逮捕和监禁其许多成员和积极分子。但在第二年举行第二次公投时,征兵制被更大的优势击败。[42]

世界产业工人联盟在悉尼召开群众大会(华盛顿大学世界产业工人联盟照片集)

2016 年 10 月 28 日

摩洛哥里夫地区的一名年轻鱼贩莫辛·菲克里在警察没收他的鱼时被垃圾箱压死。他的惨死被目击者拍下并发布到网上，引发了整个地区的愤怒。两天后，数千人参加了他的葬礼，在卡萨布兰卡、马拉喀什和拉巴特也发生了抗议游行。在接下来的几个月里，一场广泛而复杂的社会运动发展起来，要求结束里夫地区的永久紧急状态，并进行多项改革，包括改善教育（特别是对妇女的教育）、改善医疗保健、降低物价、开展土地改革等。[43]

29 日

1918 年 10 月 29 日

夜间，德国海军的水兵们拒绝了在北海攻击英国人的命令。命令下达了五次，但每次都遭到水手的违抗，尽管有 1000 名叛乱者被捕。在接下来的几个晚上，叛乱蔓延开来，帝国舰队陷入瘫痪，并导致了一场革命和第一次世界大战的结束，这一结果在官方对这场冲突的叙述中通常被忽视。[44]

德国叛乱水兵举行示威（德国联邦政府提供）

30 日

1919 年 10 月 30 日

宾夕法尼亚盲人工作之家（Pennsylvania Working Home for Blind Men）的居民要求提高工资，并威胁要在接下来的一周罢工。这些视障人士主要制作扫帚、搅拌器、地毯和其他商品，他们的房租涨了，但工资却没有增加。这些人成立了一个隶属美国劳工联合会（AFL）的工会。老板告诉《纽约时报》，这些人“和世界其他地方的人一样，都得了罢工狂热症”。[45]

·31日·

1978年10月31日

3万名石油工人在伊朗举行罢工，这是伊朗革命的早期行动之一。石油工人以及普通工人和妇女运动在革命中发挥了重要作用，后来他们被宗教原教旨主义者阿亚图拉·霍梅尼的追随者镇压。[46]

1986年10月31日

澳大利亚维多利亚州的5000名护士停止工作，他们举行群众大会，并投票决定第二天开始无限期罢工来反对减薪。罢工持续扩大，政府终于在12月19日屈服。[47]

11 月

1 日

1954 年 11 月 1 日

阿尔及利亚人奋起反抗法国殖民统治的战争爆发。法国军方以极端残暴的方式应对抗争，他们广泛使用酷刑，杀害数十万人，其中大多数是平民。后来，法国准军事部队开始发动恐怖袭击，也加入了杀害阿尔及利亚平民的行列。在法国国内，警察杀害了数十名反对法国殖民主义的人，其中大部分是法国穆斯林和法属阿尔及利亚人，以及一些法国共产党人。但阿尔及利亚的反殖民斗争仍在继续，并于 1962 年获得独立。[1]

1972 年 11 月 1 日

英格兰拉夫堡曼斯菲尔德袜厂的印度工人举行罢工，要求获得更高的工资，并有权晋升到白人的工作岗位。当他们于 10 月首次罢工时，全国袜业和针织品工人联合会（NUHKW）拒绝支持罢工。当罢工者占领工人联合会的办公室后，他们最终被迫同意罢工。但工人联合会仍然拒绝召集其白人成员参与，因为无论如何，白人成员都能从对印度人的歧视中受益。然而，该地区的亚裔纺织工人举行了同情罢工。这场罢工于 12 月结束，工人们赢得了让步。随后，一个调查委员会撰写了一份报告，详细说明了工人联合会参与种族主义行为的情况，并警告说，如果工人联合会不停止种族主义，那么黑人和亚裔工人将组建自己的工会。[2]

2日

1912年11月2日

数十名罢工的木材工人因挑起格拉博大屠杀（包括暴乱和谋杀）而受到审判，但所有对他们的指控都被判无罪。大屠杀发生在路易斯安那州格拉博工厂外，木材老板向木材工人兄弟会组织的罢工者开火，引发枪战，造成4人死亡、50人受伤。工人们被无罪释放的4天后，工厂被烧为平地。官方报告确定这场火灾是一起意外事故。[3]

1970年11月2日

越战老兵反战运动支持者、演员简·方达在克利夫兰机场被捕，罪名是走私毒品，当时她刚从在加拿大举行的越战老兵反战活动（VVAW）中归来。第二天，方达还被指控踢了一名警官，当时她被拍下了一张著名的照片，方达举起拳头以示反抗。这两项指控都是假的，后来都被撤销了，因为所谓的“毒品”是维生素。方达很清楚，他们的意图是诋毁她，因为她在反战运动中的作用十分重要。

除了是越战老兵反战活动的赞助人外，方达还是“Fuck the Army”巡演的主要组织者和参与者，该巡回演出是替代美国联合服务组织表演的反战节目，旨在为部队提供娱乐。[4]

✧· 3日 ·✧

1970 年 11 月 3 日

美国农业工人联合会（UFW）在加利福尼亚州的一个地区办事处遭到炸弹袭击。农业工人联合会主要由拉丁裔和菲律宾籍工人组成，他们在与卡车司机工会的管辖权争议中已罢工数周。[5]

✧· 4日 ·✧

1910 年 11 月 4 日

法国几个葡萄种植区决定停止纳税，这成为次年香槟骚乱（Champagne Riots）的序幕。种植者对香槟生产商压低收购价格、从欧洲其他地方进口更便宜的葡萄生产“香槟”感到愤怒。他们希望政府立法规定香槟必须主要用香槟产区的葡萄酿造。

次年 1 月 17 日，当达梅里村的种植者截获一车进口葡萄并将其扔进马恩河时，酝酿已久的不满情绪转化为暴力行动。种植者随后突袭了一家他们认为“欺诈”（使用廉价外地葡萄）的生产商的仓库，并在市政厅升起红旗。包括高唱《国际歌》在内的抗议活动随后升级为一场全面的起义。作为回应，政府发动 4 万名士兵占领该地区九个月，但他们也执行了抗议者要求的法律。[6]

1913 年 11 月 4 日

为争取妇女权利和工人阶级解放而斗争的东伦敦妇女参政论者联合会（ELFS）在伦敦维多利亚公园举行了第一次准军事集会和射击演习。第二天，该组织正式成立了他们的“人民军”，这是一支抵抗警察镇压的社区民兵。西尔维亚·潘克赫斯特是一位左翼共产主义者，也是著名的女权参政论者埃米琳的女儿，她是东伦敦妇女参政论者联合会和“人民军”的主要组织者。[7]

“人民军”演习图（海丝特・里夫作）

✧· 5日 ·✧

1843年11月5日

一位名叫卡洛塔的女奴在古巴马坦萨斯领导了一场起义。卡洛塔和她的同伙挥舞着砍刀，敲响定音鼓召唤其他奴隶，杀死甘蔗种植园的奴隶主，然后前往邻近的种植园和农场解放其他奴隶。起义一直持续到第二年，当局成功地对其进行了暴力镇压。[8]

1916年11月5日

在大约300名世界产业工人联盟成员乘坐两艘汽船从西雅图出发，前往华盛顿埃弗里特支持罢工工人和言论自由权时，至少5名联盟成员被警察和老板手下的暴徒屠杀。

只有一艘载有200多名联盟成员的蒸汽船维罗纳号（Verona）

世界产业工人联盟成员费利克斯·巴兰的葬礼（华盛顿大学社会问题档案 / 维基共享资源提供）

抵达埃弗里特的码头，200 多名警察和反工会治安员在那里严阵以待。当警长唐·麦克雷问他们的领导人是谁时，船上的世界产业工人联盟成员们回答说："我们都是领导人。"过了一会儿，这艘同时载有非世界产业工人联盟乘客和船员的船只遭遇了猛烈的枪击（两名治安员甚至意外地被他们的同伴从后面开枪击中）。在混乱中，该艘轮船改变方向，返回西雅图，他们建议卡莉斯塔号船也这样做。回到西雅图后，74 名沃布利（世界产业工人联盟成员）被捕并接受审判。大约六个月后，他们都被无罪释放，这是工会的一次重大胜利。[9]

6 日

1913 年 11 月 6 日

在反对种族主义通行法案的大规模直接行动的背景下，南非的印度矿工举行罢工示威，反对向前契约劳工征收新税。大约 2000 名矿工举行游行，一些妇女和儿童也加入了他们。莫汉达斯·甘地也加入了煤矿工人的游行队伍，他在示威活动中被捕。甘地最初并不支持反对税收的动议，因为他担心这会疏远白人，然而，他被工人阶级的不满情绪所牵制转而支持。这项税收很快就被取消了。[10]

✧· 7日 ·✧

1917年11月7日

俄罗斯爆发十月革命。布尔什维克、无政府主义者和左翼社会革命党人控制了彼得格勒的关键地点，最终攻入冬宫，推翻了由社会革命党领袖亚历山大·克伦斯基组建的政府。克伦斯基政府致力于让俄罗斯继续灾难性地参与第一次世界大战。它被称为“十月革命”，是因为它发生在俄罗斯当时使用的旧历的十月。[11]

1968年11月7日

巴基斯坦拉瓦尔品第警察向反对穆罕默德·阿尤布·汗独裁统治的学生集会开火，造成3人死亡。镇压适得其反，引发了全国性反对该政权的抗议活动。工人阶级开始拒绝支付公共汽车和铁路车费，农民发动起义，产业工人罢工。到次年3月，政府垮台，人们达成一致，在1970年举行选举。[12]

✧· 8日 ·✧

1965年11月8日

英国工党首相哈罗德·威尔逊授权建立英属印度洋领土。这是针对查戈斯群岛种族清洗的第一次行动。在接下来的几年里，所有查戈斯人都被迫离开家园，再也没有回来。一名外交部官员写信给外交官丹尼斯·格林希尔：“我们当然必须对此非常强硬。这次行动的目的是使这些岛屿永远属于我们，除了海鸥之外，这些岛上不能有土著人。”格林希尔回答说：“除了鸟儿以外，还可以有一些‘人猿泰山’和野人‘星期五’”。这些居民在被强制转移到塞舌尔时，每人只允许携带一个行李箱，所有宠物都被杀死。英国在这里进行种族清洗的目的是允许政府以每年 1 美元的价格将最大的岛屿出租给美国作为军事基地。[13]

2004 年 11 月 8 日

新喀里多尼亚的镍冶炼厂工人举行罢工，抗议在之前的罢工活动中两名同事被解雇。罢工持续了 22 天，直到两名工人都被重新雇用才结束。这场罢工使该公司损失超过 4000 万美元。[14]

9 日

1918 年 11 月 9 日

随着革命席卷全国，德皇退位，德国工人正在为结束第一次世界大战而斗争。抗议的水手、士兵和工人走上柏林街头，举行反战大罢工。德国社会民主党（SPD）副主席菲利普·施奈德曼得知刚出狱的革命社会主义者卡尔·李卜克内西计划宣布建立社会主义共和国。为了避免在策略上被击败，他公然违抗党魁，走上国会大厦的阳台，在那里宣布成立共和国。当天晚上，来自柏林大型工厂的数十名不信任社民党领导的工人占领了国会大厦，并宣布在次日选举工厂和陆军团委员会，以组建革命政府。[15]

1988 年 11 月 9 日

巴西安全部队杀害了 3 名罢工工人，打伤数十人。巴西国家钢铁冶金公司的工人一直在罢工，要求加薪，并重新雇佣因政治信仰而被解雇的工人。遇难者包括 19 岁的卡洛斯·奥古斯托·巴罗佐、22 岁的威廉·费尔南德斯·莱特和 27 岁的瓦尔米尔·弗雷塔斯·蒙泰罗。尽管遭到镇压，工人们仍继续静坐罢工两个多星期。[16]

✣· 10日 ·✣

1970年11月10日

来自“青年贵族”（Young Lords）的波多黎各激进分子占领了纽约市南布朗克斯的林肯医院。包括文员、护士和医生在内的600多人加入了他们的行列，占领了护士的住所，以宣传纽约市医院公然无视人命的行为。[17]

1995年11月10日

奥戈尼土著作家、活动家、环保主义者肯·萨罗-维瓦和其他8人被尼日利亚政府绞死。萨罗-维瓦为奥戈尼族人的权利奔走，并帮助组织了非暴力抵抗运动以反对荷兰皇家壳牌石油公司对当地土地的破坏。许多参与指控萨罗-维瓦的证人后来撤回了证词，承认他们是受政府或壳牌公司贿赂而撒谎。萨罗-维瓦的最后一句话是：“上帝带走我的灵魂，但斗争仍在继续。”[18]

肯·萨罗-维瓦插图（选自《反抗的尊严》）

✣· 11日 ·✣

1918年11月11日

瑞士25万人大罢工。与当时其他地方的革命行动相比，瑞士罢工者的要求相对温和，包括在比例代表制基础上立即举行新的选举、引入女性选举权、明确工作的一般责任、每周工作48小时、军队民主制改革、充足的食物供应、老年人和残疾人的国家养老金、国家垄断进出口以及国家债务对富人的覆盖。第二天，9.5万名士兵被调来镇压罢工，11月13日，政府发布了最后通牒。次日，罢工领导人决定结束总罢工，以防止局势进一步恶化。在这一天的罢工中，格伦兴有3人被军队打死。罢工后，军事法庭判决了127人，主要是铁路工人。直到1971年，女性才获得选举权。[19]

1948年11月11日

纽约市酿酒厂工人在为期一个月的自发罢工中取得了胜利，要求取消司机们过于紧凑的时间表，因为他们没有足够的时间装卸车辆。剩下的3000名罢工者（5家小型啤酒厂已经接受了要求）举行了一次群众大会，同意在当晚午夜结束罢工，第二天返回工作岗位。

老板们还被迫放弃对啤酒厂工人联合会的数百万美元的诉讼，无论如何，该工会谴责罢工，并试图首先命令、然后操纵罢工者重返工作岗位。工会官员爱德华·休利特试图在会议上发表讲话，但台下巨大的嘘声致使他被迫两次放下麦克风。《纽约时报》报道称，“人们对这位国际工会官员的敌意达到了如此危险的程度，以至于6名穿制服的巡警从旁边屋子冲出来保护他”。[20]

12日

1977年11月12日

英国的利兹、约克、布里斯托尔、曼彻斯特、纽卡斯尔、布莱顿和伦敦举行了第一次“夺回黑夜”（Reclaim the Night）游行。他们是由“利兹革命女权主义组织”（Leeds Revolutionary Feminist Group）召集的，这一灵感来自1977年4月30日在西德各地城镇举行的仅有女性参加的反对性骚扰“夺回黑夜”（ Take Back the

Night）游行。[21]

1984 年 11 月 12 日

一群反核武器活动人士将风钻带到密苏里州的一个核导弹发射井中，破坏了该发射井。包括 11 个孩子的母亲海伦·伍德森在内的 4 人被捕并被判入狱，判决极其严厉，伍德森最终服刑了 27 年。[22]

13 日

1909 年 11 月 13 日

在布里斯托尔，妇女参政论者特蕾莎·加内特用马鞭袭击了内政大臣温斯顿·丘吉尔，并高喊："这是以受侮辱的英格兰女性的名义采取的行动！"加内特因袭击被捕，但丘吉尔不想出庭，因此没有提出袭击指控。相反，她因"扰乱治安"而被判入狱一个月。在监狱中，加内特与其他女权主义者一起绝食，并被强制喂食。她放火焚烧自己的牢房以示抗议，后被转移到单独监禁的惩罚牢房。[23]

特蕾莎·加内特（林利·布拉特维特摄影，维基共享资源提供）

1974 年 11 月 13 日

钚工厂工人，石油、化学和核工业工人工会活动家凯伦·西尔克伍德在去见《纽约时报》记者的路上神秘地死于一场车祸。她当时正带着一堆关于其工作场所违反健康和安全规定的证据，后来这套证据一直没有找到。尽管她死于正面碰撞，但她的汽车后部也已损坏并带有油漆碎片，这让她的支持者相信她被撞出了公路。她和她的公寓也受到严重的钚污染，公司声称她自己这样做是为了抹黑公司。她的家人在她死后起诉该公司，并获得近 140 万美元的赔偿。[24]

14 日

1917 年 11 月 14 日

弗吉尼亚州的奥科泉济贫院发生“恐怖之夜”（Night of Terror）事件。当天早些时候，一群妇女在白宫外抗议以支持妇女投票权时被捕，他们大多是全国妇女党（NWP）的成员。在他们被拘留期间，看守被命令对他们施以酷刑。就在 11 月 15 日凌晨刚过午夜，33 名女权主义囚犯遭到残酷殴打和虐待。[25]

1973 年 11 月 14 日

雅典理工学院的学生举行罢课，抗议军事独裁。他们把自己关在大学里，建立了一个广播电台，开始向城市广播，号召其他人加入他们的斗争。

11 月 17 日凌晨，一辆陆军坦克冲破学校大门，意图驱逐学生，但最终引发了更大规模的起义。

镇压中丧生的人数在希腊仍有争议，但至少有 24 人死亡，另有数百人受伤。

直到今天，11 月 17 日仍被希腊教育系统视为节日，并且 1974 年被公认为是希腊恢复民主的重要里程碑。[26]

15日

2011年11月15日

在玻利维亚特立尼达，一群残障人士开始向首都拉巴斯游行，旨在推动政府增加对残疾人的支持并消除社会对残障人士的污名化。游行人数后来增加到200人，其中还包括一些儿童，另有1000名支持者聚集在拉巴斯。当游行于2012年2月进入拉巴斯时，防暴警察袭击了游行队伍。[27]

16日

1984年11月16日

南非约翰内斯堡的2000名黑人居民因拒付房租而被捕。他们坦言支付不起房屋租金，因为他们把出租者办公室烧毁了。显然，警方并不认为这是一个有效的借口。[28]

1989年11月16日

6名耶稣会牧师、他们的管家及其女儿在萨尔瓦多被美国支持的军队杀害。该军队认为这些牧师是“颠覆分子”。[29]

17日

1915年11月17日

格拉斯哥数以千计的家庭主妇和工人向治安法庭所在地市中心游行，以支持2万名房租罢工者，这次争端导致在整个英国实行租金管制。观察家威利·加拉赫写道：

“从清晨，妇女们就开始向治安法庭所在地市中心游行，就在他们行进的同时，强大的增援人员正从车间和农场赶来，身着制服的无产阶级大军从西部遥远的达尔缪尔，东部的帕克海德，南部的卡斯卡特和北部的海德帕克涌向市中心。”[30]

1983 年 11 月 17 日

6 个人在墨西哥恰帕斯州成立了萨帕塔民族解放军。他们中一些人来自北部城市，其他人来自墨西哥恰帕斯州山区的农村原住民社区。11 年后，大约 3000 名以土著武装为主的民族解放阵线武装成员发起了一场起义，控制了该地区的大量土地，释放了囚犯，摧毁了警察局和军营。在墨西哥军队的反击中，游击队失去了对许多城镇的控制，撤退到了拉坎登丛林。

随后，萨帕塔人建立了多个自治社区，总人口超过 30 万人。他们除个人财产外，取消了私有制，实行土地的集体所有制和工作场所的集体所有与经营，并建立了激进、民主的学校，不对学生进行评分，同时提供全民医疗保健服务，极大地改善了公共健康并降低了婴儿死亡率。社区还对土著、妇女的权利作出了坚定的承诺。[31]

18 日

1967 年 11 月 18 日

驻越南美军雇佣的韩国工人发生暴乱，以表达他们对食物的不满。他们掀翻桌子，攻击美国人，并迫使一名美国项目经理吃了他们的一些食物，向他展示食物有多糟糕。一名美国平民开枪打中了 3 名韩国人，宪兵冲进了该地区，但韩国工人用推土机和卡车进行反击，他们将推土机和卡车撞向拖车和建筑物，并劫持了船只。四天后，罢工和骚乱被镇压。[32]

19日

1915年11月19日

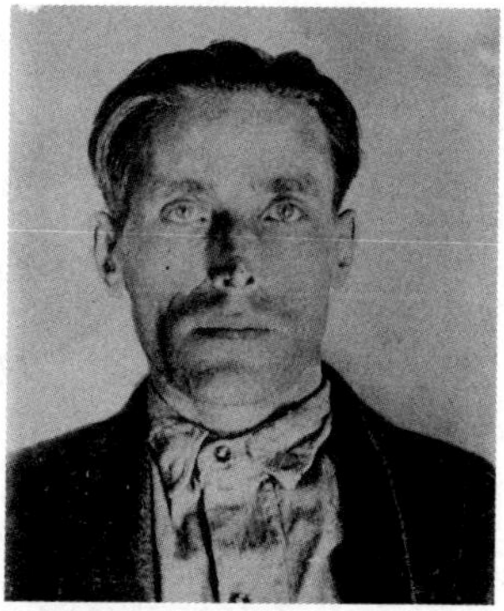
乔·希尔（美国国会图书馆/维基共享资源提供）

世界产业工人联盟成员，词曲作家、瑞典裔美国产业工人乔·希尔因杀害一家杂货店老板及其儿子而被行刑队处决。希尔不仅没有双重谋杀的动机，而且没有直接证据将他与这场谋杀联系起来，大多数历史学家认为他没有犯下这些罪行。然而，在审判期间，他的工会成员身份频频被提起。

希尔在一生中创作了很多歌曲，包括《联盟中有力量》（There is Power in a Union）、《工贼凯西·琼斯》（Casey Jones—the Union Scab）和《传教士与奴隶》（The Preacher and the Slave）[“天上掉馅饼”（pie in the sky）这一表达的来源]。

在给世界产业工人联盟领导人大比尔·海伍德的最后一封信中，他写道：“再见，比尔。我像一个真正的蓝色起义军一样死去。不要把时间浪费在哀悼上，组织起来。”[33]

1984年11月19日

墨西哥城胡安县的PEMEX石油储油罐发生爆炸，造成500多人死亡，另有5000人被烧伤。[34]

20日

1913年11月20日

墨西哥教师、神枪手、无政府主义者玛格丽塔·奥尔特加被维多利亚诺・韦尔塔政府逮捕并监禁。她和女儿曾投身墨西哥革命的组织和战斗。被政府军逮捕后，她遭受了严刑拷打，但拒绝说出任何战友的姓名，她高呼："懦夫！就算撕裂我的皮肤，打断我的骨头，喝掉我所有的血，我永远不会出卖我任何一个朋友。"三天后她被枪杀了。[35]

1969 年 11 月 20 日

78 名美国原住民占领了恶魔岛，要求获得更多权利，包括建设一所原住民大学。占领者选举了一个委员会，建立了一所学校，并进行了分工，对所有重大决策进行投票。他们一直坚持到 1971 年 6 月，当局在不同意抗议者任何要求的情况下驱逐了他们。但这一行动在世界各地都有报道，并有助于激发新一轮的美国原住民激进主义浪潮。[36]

占领恶魔岛的签名（美国国家公园管理局 / 维基共享资源提供）

✧· 21 日 ·✧

1922 年 11 月 21 日

墨西哥无政府主义者扎波泰克・梅斯蒂索的后裔，共产主义者里卡多・弗洛雷斯・马贡，在堪萨斯州莱文沃斯监狱因数月的疾病和疏于照顾去世。他是墨西哥革命运动的主要思想家之一，也是无政府主义墨西哥自由党（PLM）的成员。他还与世界产业工人联盟一起组织并编辑了无政府主义报纸《重生》(*Regeneración*)，该报纸唤起了工人对波菲里奥・迪亚斯独裁统治的反抗。[37]

·22日·

1919年11月22日

路易斯安那州发生了博加卢萨劳工大屠杀。非裔美国工人组织者索尔·达库斯受到了大南方木材公司代理人的威胁。包括美国劳工联合会（FLA）地区代表在内的白人工会成员为他辩护，有4人被种族主义准军事人员杀害。[38]

1968年11月22日

东京大学的学生在被占领的安田礼堂外举行了一场大规模示威。学生自10月以来一直在进行罢课，这是一场关于医学生无薪实习和一系列其他问题的长期纷争。[39]

·23日·

1887年11月23日

蒂博多大屠杀发生。路易斯安那州的黑人甘蔗工人与种族融合的“劳工骑士团”（K of L）工会合作，在当月初举行了罢工，抗议微薄的工资以及以临时凭证而非发放货币工资。临时凭证只能在公司商店兑换，但那里的价格过高。

种植园主们很愤怒，因为冬季的第一次霜冻已经到来，农作物被冻坏。在2名白人罢工破坏者中弹受伤后，路易斯安那州民兵在“杰出公民”团伙的协助下，开枪打死了至少50名手无寸铁的黑人制糖工人，这些工人因为每天的工资只有1美元而罢工，他们还私刑处死了2名罢工领袖。[40]

·24日·

1995年11月24日

法国工人参加了反对福利和养老金改革的大规模总罢工。在这一年的10月，该国兴起一场运动，人们反对总理阿兰·朱佩领导的右翼政府将法国的预算赤字降至欧盟《马斯特里赫特条约》（*Maastricht Treaty*）规定的3%的上限的措施。当时最具争议的提案是削减公共部门养老金，并将最低退休年龄提高到60岁。一些计划允许雇员在50岁或55岁退休。交通、公用事业、采矿、银行、保险和邮政等行业发生了大规模罢工，全国各地也都发生了民众与警方的冲突。到12月，政府被迫取消养老金计划。[41]

2010年11月24日

葡萄牙发生了20多年来的首次大罢工。这次反对财政紧缩政策的罢工，导致葡萄牙大部分地区陷入停顿。交通、制造业和公共服务业受到的打击尤其严重。当时执政的社会党提出的紧缩措施包括冻结公共部门工资和广泛的私有化。[42]

·25日·

1941年11月25日

3名年轻的奥地利男孩，“施卢夫运动”（Schlurf movement）的成员，因破坏希特勒青年团的布告栏而被盖世太保逮捕。施卢夫是奥地利工人阶级青年组织，他们反对纳粹主义、军国主义、种族主义和传统的工作伦理。他们留着长发，听爵士乐和摇摆乐。男孩们穿着醒目的双排扣西装，而女孩们，或者说“施卢夫猫咪”们（Schlurf kittens），则穿着下摆及膝的彩色连衣裙。纳粹发起了反对“施卢夫威胁”的运动，许多施卢夫成员在街头与希特勒青年团作战。

盟军获胜后，新的“民主”当局继续谴责拒绝工作纪律和权威的年轻工人，称他们为“施卢夫”。[43]

✧· 26日 ·✧

1926年11月26日

英国全国煤矿罢工以失败告终，矿工代表建议剩余的罢工者重返工作岗位。罢工于5月1日开始，目的是抗议减薪、增加工作时间以及将工会排除在工资谈判之外。

泰德斯雷罢工矿工（维基共享资源提供）

英国职工大会最初呼吁举行大罢工以支持矿工，尽管取得了成功，但他们还是惊慌失措，在没有获得任何让步的情况下就决定取消罢工，让矿工们独自斗争。到10月，饥饿和困苦迫使相当多的罢工者重返工作岗位。[44]

1938年11月26日

一支由西班牙内战难民巴斯克男孩组成的足球队在威尔士的庞蒂普里德举行了一场友谊赛。威尔士接纳了许多工人阶级的孩子，使他们逃离了工农民众同弗朗西斯科·佛朗哥将军的民族主义军队间的冲突。出售比赛门票是为了筹集资金以支持孩子们。[45]

27日

1868年11月27日

乔治·卡斯特将军指挥下的一支美军分遣队袭击了正在熟睡的夏延人的营地。夏延人在保留地上，悬挂着白旗，并得到了当地堡垒指挥官的安全保证。在所谓的“瓦希塔之战”中，村庄被摧毁，103名印第安人被屠杀，其中包括寻求和平的酋长“黑水壶”（Black Kettle）。[46]

28日

1985年11月28日

壳牌石油公司内部传阅的一份内部文件称：

> “在过去100年来全球温度升高了0.5度，这是二氧化碳积聚的结果，我们将在未来的40年里进一步看到，气温还将升高1—2度。这一上升幅度超过了此前1000年的温度变化。在过去的100年中，全球海平面平均上升了约15厘米。到2050年，全球海平面将平均上升20—120厘米。”

这是1988年公司内部一份关于温室效应的广泛机密报告的一部分，该报告明确表明，至少从1981年起，壳牌就意识到了气候变化是人类行为的结果，燃烧化石燃料是其主要原因，这将产生灾难性影响。[47]

✧· 29日 ·✧

1830年11月29日

在多塞特郡斯图尔普罗沃斯特，“斯温队长”农场工人为争取更高的工资和更多的工作机会而袭击了一名农场主和警察。他们中的一些人被捕并被带到沙夫茨伯里，但当地的“斯温”同情者释放了这些囚犯。在夜晚结束之际，另外5个城镇爆发了进一步的骚乱。“斯温队长”是虚构的反叛领袖，工人的要求信是以他的名义寄出的。[48]

✧· 30日 ·✧

1961年11月30日

美国总统约翰·F. 肯尼迪授权中央情报局开展一项秘密行动，称为“古巴计划”（Cuban Project）或“猫鼬行动”（Operation Mongoose），旨在推翻菲德尔·卡斯特罗领导的古巴共产党政府。于是，中央情报局在古巴策划了多起恐怖袭击，包括针对铁路、石油和食品仓库、发电厂、锯木厂和其他目标的袭击。“猫鼬行动”于1962年底正式终止。[49]

12 月

1 日

1919 年 12 月 1 日

在特立尼达和多巴哥的码头工人罢工期间，罢工者袭击了仍在作业的仓库，赶走了工贼，并向城市游行，迫使生产中的企业关停。公共部门工人、运煤工人和印第安农村劳动者也举行了罢工，引发了一场有效的大罢工。作为回应，英国殖民者出兵围捕了数十名罢工者，最终监禁 82 人，并将 4 名主要组织者驱逐出境。政府还出台了严格的新法律来阻止罢工和抗议活动。但码头工人成功地赢得了 25% 的加薪，其他企业的工人也赢得了企业的让步。[1]

1955 年 12 月 1 日

黑人民权活动人士罗莎·帕克斯在亚拉巴马州蒙哥马利市被捕，原因是她拒绝了公交车司机的要求，在“白人”区已经坐满的情况下，没有给白人乘客让出“有色人种”区的座位。人们普遍认为帕克斯只是一个在工作结束后感到疲惫并拒绝站起来的女性。与之相反的是，她实际上是一名致力于反对种族隔离的活动人士，参加过直接行动培训，并为其他因拒绝为白人让座而被捕的黑人女性筹集资金。帕克斯后来宣称，“我唯一感到厌倦的就是屈服”。反种

罗莎·帕克斯在巴士抵制运动期间被捕（维基共享资源提供）

族主义组织决定接手她的案子，并在全市范围内组织了一次大规模的巴士抵制活动，这成为民权运动中的一场关键斗争。[2]

⊹· 2日 ·⊹

1984年12月2日

印度博帕尔发生了严重的工业灾难，联合碳化物公司的化工厂泄漏的有毒气体影响了500万人，造成数万人死亡、失明和残疾。这座破败的工厂没有任何健康和安全措施。

负责此事的首席执行官沃伦·安德森没有受到惩罚，在企业向印度政府支付的4.7亿美元赔偿金中，只有一小部分流向了受害者及其家属，平均每人500美元。[3]

⊹· 4日 ·⊹

1956年12月4日

3万名妇女在布达佩斯举行示威，这是工人阶级为建立真正由工人控制的社会主义社会而进行的更广泛起义的一部分。这次抗议活动是为了纪念那些在一个月前苏军第二次袭击该市时被杀害的人，那次进攻有效地结束了起义。一名参加示威活动的妇女被俄罗斯军队开枪打伤，另一名妇女则被其他示威者从逮捕中解救。试图参加游行的男性被抗议的妇女赶回。[4]

1969年12月4日

芝加哥警方与联邦调查局联手对芝加哥黑豹党领袖弗雷德·汉普顿的公寓发起突袭，正在床上睡觉的汉普顿被杀害。当晚早些时候，联邦调查局的一名线人给汉普顿下了药，他还告诉特工汉普顿的床的位置。黑豹党活动家马克·克拉克也在袭击中丧生，另有几人受伤。

年仅21岁的汉普顿是一位活跃、有魅力、高效的组织者，他在与白人工人阶级建立联系方面取得了重大进展，并建立了一个包括波多黎各人、美国原住民、奇卡诺人、华裔美国人和白人激进分子在内的“彩虹联盟”（Rainbow Coalition）。

汉普顿和克拉克是联邦调查局局长J.埃德加·胡佛的反间谍计划（COINTELPRO）中著名的受害者之一，该计划的目的之一是“阻止黑人弥赛亚的崛起”，因为后者可以团结非裔美国人的抵抗。[5]

5日

1955年12月5日

在罗莎·帕克斯因拒绝在一辆实行种族隔离的公共汽车上为一名白人乘客让出“有色人种”区域的座位而被捕的四天后，蒙哥马利市的巴士抵制活动开始了。这是民权运动的一个开创性时刻，它不仅是为了种族平等，也是黑人妇女反对性暴力斗争的一部分。[6]

2008年12月5日

芝加哥共和国门窗制造厂的工人开始静坐罢工，反对无补偿裁员。这次罢工是2008年金融危机余波中最先发生的罢工之一，并赢得了广泛支持。罢工以赔偿结束，所有员工都保住了工作。[7]

⊹· 6日 ·⊹

1918年12月6日

驻扎在意大利塔兰托的英属西印度群岛军团的黑人士兵叛变并袭击了他们的军官，反抗骇人听闻的种族主义待遇。尽管遭到暴力镇压，但许多叛变者后来回到加勒比海的家中，加入了工人和反殖民运动。[8]

1989年12月6日

14名女性在蒙特利尔综合理工学院的一次大规模枪击事件中丧生，他们中大部分在接受工程领域培训。这名25岁的开枪者专门针对女性，声称他在“与女权主义作斗争”，并在射杀了28人（其中只有4名男性）后自杀了。加拿大各地每年都将这一天作为“全国反暴力侵害妇女行为纪念日”。[9]

⊹· 7日 ·⊹

1959年12月7日

斐济岛上的石油工人举行罢工。批发和零售工人总工会（WRWGU）组织的这次罢工影响很大，因为这是第一次将几个少数民族工人（主要是斐济人和印度人）团结在一起的罢工。这次罢工使英国殖民政府和传统斐济酋长的统治受到了威胁，于是他们联合起来反对。[10]

2006 年 12 月 7 日

在埃及埃尔—迈哈拉·埃尔—库布拉，密斯尔联合纺织厂的 3000 名妇女罢工，抗议拖欠奖金。他们穿过工厂游行，高喊着："男人们在哪里？女人们在这里！"她们让男人蒙羞以逼迫他们参加罢工。当数千名工人聚集在附近的一个广场时，仍有 70 名工人留在工厂里，他们占领了工厂，以防止重新开始生产。他们抵挡了防暴警察的驱逐，一直待在工厂里，直到第四天，政府承认失败，同意支付奖金并承诺不将工厂私有化。这次罢工引发了一波全国性罢工浪潮。[11]

8 日

1949 年 12 月 8 日

法国码头工人举行了一次会议，同意在该地区殖民战争期间，禁止所有前往印度支那的货物从多个港口运出。自 1946 年以来，法国一直与越南的反殖民运动交战，这场冲突已蔓延到邻近法国保护的柬埔寨和老挝。

地中海沿岸的马赛、塞特、尼斯、布克港、圣路易斯港、旺德尔港和土伦港都被封锁。此前一个月，码头工人上个月就拒绝为两艘驶往印度支那的船只——蒙贝利亚尔号（Montbeliard）和图兰角号（Cap Tourane）装载货物。[12]

2008 年 12 月 8 日

在警方杀害 15 岁的亚历克西斯·格里戈罗普洛斯两天后，希腊各地的抗议活动升级为全面的暴乱。这次暴乱非常激进且影响广泛，导致对这起杀戮事件负责任的官员入狱。[13]

9日

1959年12月9日

作为“遗产行动”（Operation Legacy）的一部分，英国政府分发了一份秘密备忘录：一项销毁大英帝国在其殖民地所犯罪行的官方记录的计划。备忘录下令焚烧文件，但随后政府还允许“将文件装在加重的板条箱中，并将其倾倒在离海岸最大可行距离的非常深且无水流的海水中”。事实证明，“遗产行动”非常成功，英国骇人听闻的殖民遗产在英国并不为人所知。[14]

1987年12月9日

此日起义是巴勒斯坦人反抗以色列占领的开始，是著名的“第一次起义”（First Intifada）。巴勒斯坦人参加了大罢工，拒绝向以色列纳税，抵制以色列的机构，并发起骚乱，这次骚乱一直持续到20世纪90年代初。[15]

11日

1983年12月11日

巡航导弹抵达英国格林汉姆军事基地三周后，5万名妇女拿着镜子围着基地进行抗议，象征性地将军队的形象映射在他们自己身上。当天晚些时候，她们拆除了设施周围的大部分围栏，警方逮捕了数百人。[16]

12日

1948年12月12日

马来亚发生了“峇冬加里大屠杀”（Batang Kali Massacre），英国军队屠杀了 24 名手无寸铁的村民，这是大英帝国殖民地打击共产主义抗争运动的一部分。没有任何凶手被指控犯有任何罪行。[17]

1969 年 12 月 12 日

在经历数月的工人罢工和学生罢课后，米兰市中心的一家银行发生炸弹爆炸，造成 16 人死亡，88 人受伤。事件责任最初被归咎于议会外的左派，导致无数人被捕，警察杀害了无政府主义者、铁路工人朱塞佩·皮内利。后来发现，爆炸作为后来被称为“紧张战略”（Strategy of Tension）平叛运动的一部分。2001 年，3 名法西斯分子最终入狱。[18]

13 日

1905 年 12 月 13 日

激进的农场工人桑多尔·西兹马迪亚和一些朋友在匈牙利成立了农村工人工会。它发展迅速，在不到两年的时间里，就拥有 625 个团体的 7.5 万名成员。达到这个规模后，农场临时工和雇佣工开始举行罢工。为了镇压罢工，政府逮捕了 4000 人，对罢工者处以巨额罚款，并最终取缔了工会。[19]

1971 年 12 月 13 日

在今天的纳米比亚，6000 名土著奥万博工人罢工，抵制工厂厨房做的食物，以反对剥削性的种族隔离和强制合同工作制度。政府召集了白人学生和非奥万博黑人工人作为工贼，并派警察袭击罢工者，但罢工仍然蔓延开来。

到 1 月 3 日，许多工作场所和每个主要矿山都在罢工。当时，南非政府同意改革合同制度，直到 1 月 21 日该制度被正式废除，罢工才结束。政府作出了巨大让步，包括保证工人择业和离职自由以及免费医疗。[20]

14日

1914年12月14日

罗伯特·席尔瓦·雷纳德将军在街上被西班牙无政府主义者安东尼奥·拉蒙刺中7刀。雷纳德将军在智利最血腥的圣玛丽亚学校大屠杀（Santa Maria School Massacre）中犯下了滔天罪行，在他的命令下，2000多名罢工矿工及其妻儿被杀害，拉蒙的兄弟也在大屠杀中丧生。拉蒙本人在大屠杀中幸免于难，但受到了永久性伤害。拉蒙被拘留，但工人们举行了公开活动为他辩护，他只被判处五年监禁。[21]

安东尼奥·拉蒙的照片（维基共享资源提供）

1951年12月14日

纽约市的百吉饼面包师罢工，关闭了该市34家百吉饼面包店中的32家。这使得百吉饼的货架上空无一物，几乎完全切断了该市每周120万个百吉饼的供应，《纽约时报》称之为“百吉饼饥荒”。面包师在次年1月与雇主达成协议，但百吉饼运输司机持续罢工，一直到纠纷开始七周后，他们才与雇主达成协议，并得到了罢工期间损失的工资的补偿。[22]

15日

1890年12月15日

苏族酋长“坐牛”（Sitting Bull）在南达科他州立岩保护区被印

第安警察杀害。印第安特工詹姆斯·麦克劳克林担心“鬼舞运动”（Ghost Dance）的发展预示着白人扩张主义的终结，于是派出39名军人和4名志愿者去逮捕“坐牛”。“坐牛”拒绝配合警方，警方使用武力，激怒了聚集的人群，其中一人开枪打死了一名警察。警方予以还击，朝“坐牛”的胸部和头部开枪打死了他。随后爆发了一场战斗，导致另外7名村民和8名警察死亡。[23]

1912年12月15日

秘鲁区域工人联合会（FORP）召开了第二次大会，通过了工作日每天工作不超过8小时的要求。该工会于当年10月成立，随后许多其他工会加入，包括电工工会、纺织工人工会和临时工工会，以及无政府主义工人团体。[24]

16日

1871年12月16日

法国教师和革命者路易丝·米歇尔在巴黎公社被镇压后受到审判。巴黎公社是在当年早些时候，工人和士兵控制这座城市为期三个月时建立的革命政权。她被指控试图推翻政府、鼓励公民武装自己、拥有和使用武器等罪名。米歇尔被流放到新喀里多尼亚，在一艘监狱船上的笼子里度过了4个月。她成为民族英雄，并于1880年获得特赦。一名男子试图暗杀她，米歇尔却在法庭上为他辩护，声称“他被一个邪恶社会误导了”。[25]

1910年12月16日

伦敦东区发生了亨德斯迪奇谋杀案，一帮拉脱维亚革命者在珠宝店抢劫时搞砸了，导致3名警察被枪杀，另外2名严重受伤。调查人员将注意力集中在朱比利街的无政府主义者俱乐部，意大利无政府主义者埃里科·马拉泰斯塔被错误地牵连其中。

这些事件是著名的“锡得尼街之围”（Siege of Sidney Street）的前奏，数百名警察和士兵与激进分子作战。画家彼得逃脱了追捕。[26]

画家彼得（邓迪信使社/维基共享资源提供）

18日

2010年12月18日

街头小贩穆罕默德·布阿齐兹自焚后，抗议者走上突尼斯街头，最终推翻了扎因·阿比丁·本·阿里，引起了巨大关注。[27]

2012年12月18日

塞拉利昂武装部队向数名罢工矿工开枪，造成两人死亡。矿工们罢工是为了抗议未支付奖金和种族主义政策，并要求改善这家外资钻石矿的工作条件。枪击事件发生后，一个警察局被纵火，当地出租车司机也团结起来加入了罢工。[28]

19日

1996年12月19日

在一场大规模的拒付款运动后，爱尔兰环境部长宣布取消1994年在都柏林引入的附加水费。政府增加水费后，工人阶级居民组织起来联合抵制，超过50%的居民拒不付款。当地政府试图通过将居民告上法庭和断水等手段来迫使人们付款。然而，该运动抵制了政府的断水，并在法庭上进行斗争，最终迫使政府让步。[29]

2001 年 12 月 19 日

阿根廷的工人和失业者以一波又一波的暴力示威、封锁街道和接管工作场所来回应本国的经济危机。这场运动的口号是“让他们下台滚蛋”，针对的是政客和政府。39 人死于政府的镇压，最终费尔南多·德拉鲁阿总统辞职。[30]

✧· 20 日 ·✧

1960 年 12 月 20 日

比利时各地的市政工人举行正式罢工，反对一项降低工人购买力的新法律。当其他工会讨论该怎么办时，一场空前的自发罢工运动席卷了全国，引发了一场持续到次年 1 月 21 日的总罢工。[31]

1970 年 12 月 20 日

日本冲绳发生了“胡差暴动”(Koza Riot)。当夜幕降临后，5000 名居民抗议美国的持续占领，与数百名美国军警发生冲突。当地人打伤了数十名美军，烧毁了汽车，并摧毁了嘉手纳空军基地的几座建筑物。[32]

“胡差暴动”后的破坏场景（拉里·格雷摄影，维基共享资源提供）

✧· 21 日 ·✧

1848 年 12 月 21 日

逃亡奴隶艾伦和威廉·克拉夫特在佐治亚州萨凡纳登上一艘蒸汽船前往费城，他们于圣诞节早上抵达。肤色浅的艾伦戴着礼帽、系着领结，把自己伪装成一名白人男性奴隶主，威廉则假扮成她的奴隶。

艾伦和威廉・克拉夫特［《解放者报》（*Liberator newspaper*）/ 维基共享资源提供］

1850 年《逃亡奴隶法案》（*Fugitive Slave Act*）通过后，逃亡到北方的奴隶必须返回南方，于是克拉夫特一家逃到了英国，他们在那里生活了 19 年，并育有 5 个孩子。他们参与了废奴运动和争取妇女选举权的斗争，直到内战结束后才返回美国。[33]

1907 年 12 月 21 日

智利军队制造了圣玛丽亚学校大屠杀。2000 多名在伊基克圣玛丽亚一所学校安营扎寨（罢工）硝酸盐矿工以及他们的妻子和孩子被杀。[34]

22 日

1988 年 12 月 22 日

巴西橡胶工人活动家、环保主义者、土著权利倡导者奇科・门德斯被一名农场主暗杀。

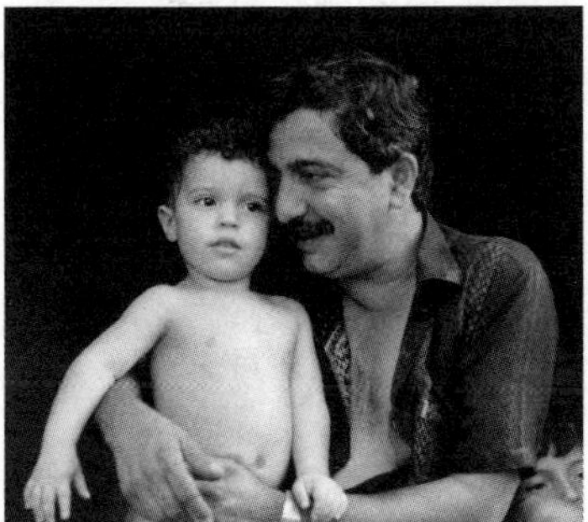

奇科・门德斯与儿子桑迪诺在家（米兰达・史密斯，米兰达制作 / 维基共享资源提供）

为了保护亚马孙雨林，橡胶工人和工会高级官员门德斯要求政府设立保护区，以防止森林被砍伐。卡乔埃拉的橡胶工人们设置路障，将购买了部分保护区的一位名叫达利・阿尔维斯・达席尔瓦的农场主阻拦在区外。后来，门德斯发起了一场运动，阻止达席尔瓦在另一个地区伐木，并成功地获得了一份据称达席尔瓦在其他地方犯下谋杀案的逮捕令。门德斯将逮捕令交给了警方，但警方没有采取行动。

12月22日（星期四）晚上，门德斯在家中被达席尔瓦的儿子暗杀。他是那年在巴西被谋杀的第19位农村活动人士。

达席尔瓦、他的儿子和他们的一名雇员因谋杀罪被判入狱19年。在全球范围内的大力支持下，奇科·门德斯采掘保护区成立了。至今为止，它和后来建立的其他保护区覆盖了3300多万英亩雨林。

> “起初，我以为我是在为拯救橡胶树而战；后来，我以为我是在为拯救亚马孙雨林而战；现在，我意识到我是在为人类而战。”
>
> ——奇科·门德斯[35]

1997年12月22日

在墨西哥恰帕斯，45名萨帕塔反叛运动的土著支持者在一次和平祈祷会上被准军事部队屠杀。[36]

23日

1928年12月23日

澳大利亚法官莱昂内尔·奥斯卡·卢金裁定，木材工人应将每周工作时间从44小时增加到48小时，同时减少工资。1月3日，木材工人集体决定拒绝额外工作4小时。雇主在四个星期后进行报复，将新南威尔士州70家木材厂的数千名工人拒之门外。于是工人们呼吁进行了持续近九个月的罢工。

雇主们试图呼吁罢工者的妻子，让她们对丈夫施加压力。"工业和平协会"（Industrial Peace Association）组织了一次会议，呼吁妇女参加并"对罢工政策对无助的儿童造成的残酷错误表示抗议"。在会议上，演讲者的声音被女性高唱的《永远团结》（Solidarity Forever）声淹没。会议结束后，一名年轻女子爬上椅子宣布："我们不会当自己人的工贼，我们也不想这么做。"

面对越来越多的警察和政府镇压，罢工最终以失败告终，但人们仍希望工党政府能当选，并改变这一决定。工党确实赢得了压倒性胜利，但大多数在纠纷期间被解雇的罢工者在复工后并没有复职。[37]

2013 年 12 月 23 日

花旗银行员工列侬·雷·布朗在受到经理对其工作的不利审查后，通过删除配置文件使银行 90% 的网络瘫痪。他说这样做是为了让管理层可以"看到当在场的人在不断受到不公正待遇时，他们能够做些什么"。花旗银行向警方报案，布朗被判入狱 21 个月。[38]

24 日

1913 年 12 月 24 日

在密歇根州卡卢梅特发生了一场被称为"意大利厅灾难"或"1913 年大屠杀"的悲剧。自 7 月以来一直在罢工的铜矿工人的妻子们在意大利厅组织了一个圣诞派对。接下来究竟发生了什么事仍然存在着争议，但到晚上结束时，有 73 人死亡，其中 59 人是矿工的孩子。当他们试图逃离拥挤的大楼时，在楼梯上被踩踏致死。

在众议院的一个小组委员会面前作证的 8 名目击者报告说，一名戴着“公民联盟”（Citizens’ Alliance）徽章的男子大喊“着火了”，导致人员在楼梯上发生踩踏。有些人认为门是关着的。“公民联盟”是一个反工会治安维持组织，其与雇主合作以破坏罢工。[39]

1983 年 12 月 24 日

据称，由 1972 年和 1974 年支持矿工罢工的演员组成的流行组合“飞行纠察队”（Flying Pickets）凭借无伴奏合唱翻唱了亚组（在美国被称为“亚兹”）的歌曲《只有你》（Only You），获得了英国圣诞节冠军单曲。

“飞行纠察队”是一个由罢工者组成的团体，他们前往全国各地组织其他工人参与罢工，这种策略曾在 1974 年帮助推翻了保守党政府。这支由激进的社会主义者组成的乐队后来因为 1984 年矿工罢工期间抗议德拉克斯发电站与唱片公司发生冲突，一些商店拒绝出售他们的唱片。[40]

25 日

1522 年、1831 年、1837 年 12 月 25 日

圣诞节当天，在今天的多米尼加共和国圣多明各，克里斯托弗·哥伦布的儿子迭戈的甘蔗种植园发生了一场穆斯林起义。许多起义者设法逃到山区，与那里的泰诺人建立了独立的社区。

1831 年的同一天，牙买加的奴隶们举行了罢工，要求解放。他们发动了一场武装起义，最终迫使大英帝国在该地区宣布奴隶制为非法。

然后，在六年后的 1837 年圣诞节当天，组成佛罗里达塞米诺尔族的非洲人和印第安人再次击败了一支比他们强大得多的美国侵略军。[41]

1914年12月25日

在休战期间友好相处的英德军队（帝国战争博物馆/维基共享资源提供）

在第一次世界大战期间，西线战场上的10万军队宣布非正式休战，拒绝相互战斗。德国士兵开始唱《平安夜》（Silent Night），并用英语、法语、德语唱起了圣诞颂歌。英国士兵也加入了他们。然后他们慢慢地从战壕里出来，在无人区见面，交换礼物，在一些地方踢足球。[42]

26日

1904年12月26日

金属工人在巴库（现在的阿塞拜疆首都）举行罢工，提出了许多要求，包括每天8小时工作制、加薪和周日休息。在5天之内，该市的大多数企业都被关闭，关键的石油行业也停摆。工人们多次举行抗议活动屡屡与安全部队发生冲突。

与前一年未成功的罢工相比，这一次工人们一直坚持到1月12日，签署了沙俄帝国历史上第一份集体协议。特别是，工人们实现了9小时工作制，每月有4天带薪休假，加薪、生活和工作条件得到改善。[43]

27日

1797年12月27日

英国皇家海军玛丽·安托瓦内特号（Marie Antoinette）的船员

谋杀了他们的军官，并将该船驶入了加勒比海的一个法国港口。这是英国舰队因恶劣的工作条件和水手们日益增长的工人阶级意识而引发的兵变浪潮的一部分。[44]

1923 年 12 月 27 日

日本革命家难波大助企图暗杀皇太子，为他的战友幸德秀水、大杉荣和伊藤野枝死于国家之手而复仇。但是他没有成功，被逮捕并被判处死刑，在两天后被处决。[45]

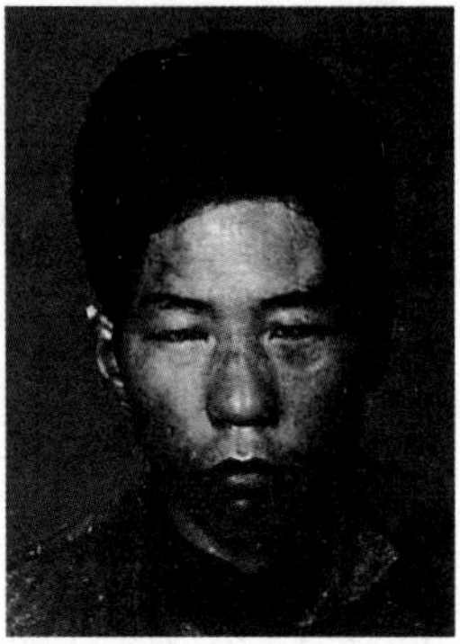

难波大助（维基共享资源提供）

28 日

1907 年 12 月 28 日

纽约市 1 万个家庭举行了租金罢工，反对房屋租金的上涨。这项行动是由 16 岁的纺织工人波琳·纽曼发起的，她招募了 400 名其他工厂的年轻女工来帮助说服家庭加入。房东们通过停水和报复性驱逐进行了反击，但这些家庭立场坚定，到 1 月初，约有 2000 户家庭赢得了减租。[46]

1973 年 12 月 28 日

在历史学家口中第一次的太空罢工发生在天空实验室 4 号空间站。工作人员的工作日程安排很紧张，任务指挥官杰里·卡尔向地面控制中心抱怨道："我们永远不会在地面上连续 84 天每天工作 16 小时，也不应该期望我们在太空中这样做。"飞行员威廉·波格说，他们希望有更多的时间来思考宇宙，"研究恒星、地球和我们自己"，卡尔最终向地面控制中心发送了一份电报称："我们需要更多的休息时间。我们需要一个不那么紧张的时间表。我们不想在饭后锻炼。我们需要把事情控制住。”12 月 28 日，宇航员们关掉收音机，放松了一天，做个人项目，并按照自己的节奏做实验。24 小时后，地面控制中心同意达成妥协，使任务最后六周的工作量和太空站工作人员的心情更加愉悦。[47]

29 日

1968 年 12 月 29 日

东京大学被迫取消 1969 年入学考试，因为从 10 月以来一直持续的学生罢课和占领浪潮已经完全扰乱了学校。罢课的学生与反罢课的共产党学生同防暴警察就无薪实习和教师与警方的合作而持续发生冲突。[48]

30 日

1930 年 12 月 30 日

厄瓜多尔北部高地佩西洛庄园的土著工人举行罢工，要求提高工资和改善工作条件，附近的其他工人也加入了罢工行列。他们袭击了庄园主屋，并迫使地方官员逃离。政府出动军队逮捕罢工领袖并摧毁他们的房屋，但工人坚持不懈并赢得了让步。更重要的是，他们的行为在该国引发了一波农村地区的抗议浪潮。[49]

1936 年 12 月 30 日

弗林特通用汽车公司工厂的 50 名工人举行了一场自发的静坐罢工，反对强行调遣 3 名被勒令退出工会但遭到拒绝的检查员。当工人注意到管理层准备将生产转移到其他地方时，大多数没有参加工会的工人占领了工厂，不顾法庭禁令和警卫、警察的暴力袭击，占领行动一直坚持到 2 月，公司最终屈服，承认工会并明显地改变了工人和老板之间的权力平衡。尽管罢工者展现了很强的斗争性，也有像罗斯科·范·赞特和 J.D. 多特森这样的黑人工人参与其中，但在与美国汽车工人联合会签订的合同中，严格的吉姆·克劳种族隔离法案在工作场所仍得以维持。[50]

31日

1912 年 12 月 31 日

由世界产业工人联盟组织的纽约市酒店工人和服务员罢工开始。罢工最初只针对一些工作条件特别恶劣的酒店。晚上 11 点刚过，阿斯特酒店外爆发冲突，25 名私人侦探和武装警察与 30 名罢工的服务员对峙，服务员用砖头进行了反击。这次罢工在次年 1 月演变成了一场大罢工，罢工要求废除小费制度，代之以体面的工资。罢工于当月晚些时候结束，雇主没有作出任何让步。[51]

1969 年 12 月 31 日

德怀特和卡尔·阿姆斯特朗从威斯康星州麦迪逊郊外的一座机场偷了一架双引擎塞斯纳飞机，向北飞行了 53 英里，并向巴德吉尔陆军弹药厂投下了 3 颗炸弹，以抗议越南战争。兄弟俩的叔叔此前曾在这个工厂工作，但在一次工伤事故中丧生。炸弹没有爆炸，但这次袭击是随着越南战争的持续而震动美国的许多暴力反战行动之一。[52]

扫码阅读本书注释

图书在版编目（CIP）数据

国际工人运动的365天 / 工人阶级历史项目组编；刘洋，余华江译. —
北京：中国工人出版社，2024.6
书名原文: Working Class History: Everyday Acts of
Resistance & Rebellion
ISBN 978-7-5008-8329-6

Ⅰ.①国… Ⅱ.①工… ②刘… ③余… Ⅲ.①工人运动—历史—世界 Ⅳ.①K14

中国国家版本馆CIP数据核字（2024）第099131号

著作权合同登记号：图字01-2022-0465

国际工人运动的365天

出 版 人	董　宽
责任编辑	周子欣　张姗姗
责任校对	张　彦
责任印制	栾征宇
出版发行	中国工人出版社
地　　址	北京市东城区鼓楼外大街45号　邮编：100120
网　　址	http://www.wp-china.com
电　　话	（010）62005043（总编室） （010）62005039（印制管理中心） （010）62382916（工会与劳动关系分社）
发行热线	（010）82029051　62383056
经　　销	各地书店
印　　刷	宝蕾元仁浩（天津）印刷有限公司
开　　本	880毫米×1230毫米　1/32
印　　张	8.25
字　　数	200千字
版　　次	2024年9月第1版　2024年9月第1次印刷
定　　价	58.00元
